パウンドケーキ
バイブル

福田淳子

河出書房新社

はじめに

簡単で、シンプルで親しみやすいイメージのあるパウンドケーキ。
主な材料もバター、砂糖、粉、卵の４つだけ。
お菓子作りをしたことのある人なら、ほとんどの人が作ったことがあるのではないでしょうか？
誰もが失敗なく作れる。そんな手作りお菓子の定番ですが、実はとても奥深いものだったりします。
材料を同じ比率で合わせていくだけなのに、手順をちょっと変えただけでケーキの食感に変化が。作り方の小さな差で、仕上がりがぐんとおいしくなります。
いろいろなフレーバーや材料をプラスするだけで、味のバリエーションが豊富に。
焼きっぱなしのラフな見た目のイメージが強いですが、ちょっと手を加えておめかしするだけで、とびきりキュートにも豪華にもなります。
私自身、今回、何百という数のケーキを焼いて、はじめてわかったことがたくさんあります。
パウンドケーキは、失敗が極めて少ないもの（今回、ベーキングパウダーを入れ忘れたものさえ、膨らみが少ないだけでおいしくいただけることが判明）。

けれど成功の幅が、本当に広くもあるお菓子です。そして「おいしい」と「はっとするほどおいしい」の違いは、本当に些細なことだったりするのです。
パウンドケーキについて知っていることと、新たにわかったこと。さまざまなポイントやコツを全部詰め込んで、この本を作りました。
パウンドケーキを手順や材料、配合からとことん研究したい人にも、アレンジを加えて自分の好きなフレーバーにしたい人にも、プレゼント用にちょっとよそゆき風のものを作りたい人にも、いろんな角度から「自分好みのパウンドケーキ」を作れる1冊になっています。
そのときの気分しだいで、一緒に食べる人のことを考えて、季節に合わせて、おうちにあるものを組み合わせて、自分の好みで選んで、ぜひお気に入りの1本を作ってみてください。
パウンドケーキが、そしてお菓子作りが、あなたの毎日にささやかな幸せを運んでくれますように。

福田淳子

Contents

◉ 材料と道具はすべて事前にそろえて、計量は正確に行いましょう。

◉ 本書のレシピはすべて、（上部）縦180×横87×高さ60mm/（底部）縦165×横70mmのものを基本の型として使用し、その大きさに合った分量を表示しています。長さが違っていても、大体同じくらいの容量であれば、レシピの分量で大丈夫です。

◉ 大さじ1は15mℓ、小さじ1は5mℓ、1カップは200mℓです。大さじ、小さじはすりきりで量ってください。

◉ 本書ではガスオーブンでの加熱温度、加熱時間を表記しています。

◉ オーブンの加熱温度、加熱時間、焼き上がりは機種によって異なります。表記の時間を目安に、使用するオーブンに合わせて調整してください。

◉ 予熱温度に達してもまだ十分に温まっていないことがあるので、最低でも5〜10分ほど、さらに加熱してください。パワーが弱いオーブンを使用する場合や、寒い時期にはさらに時間を増やして予熱しましょう。

◉ 焼いている途中でオーブンの扉を開けるときは、庫内の温度が下がらないよう、素早く作業するようにしてください。

材料について

パウンドケーキは、本来4つの材料を1パウンドずつ混ぜて作るお菓子。
小麦粉、バター、砂糖、卵があれば、それだけで作れます。
作り方によって必要となる、ベーキングパウダーと合わせて、
基本となる5つの材料の選び方や特徴をご紹介します。

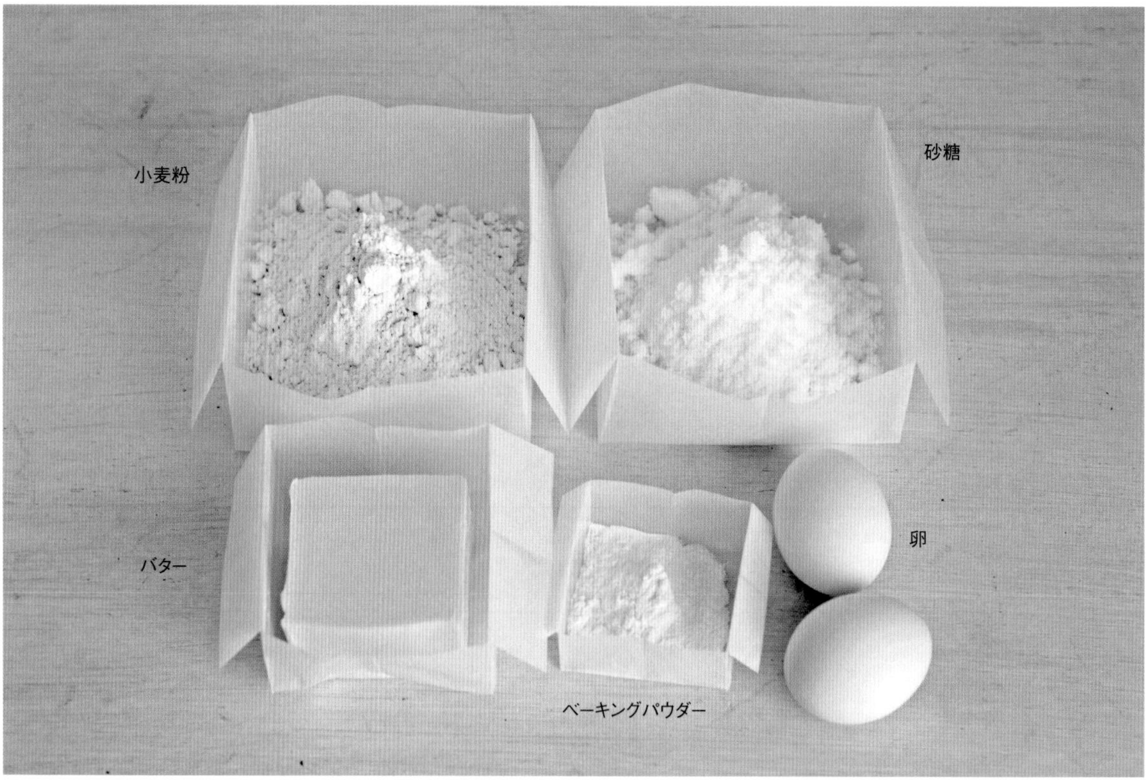

【小麦粉】

たんぱく質の含有量により薄力粉や中力粉、強力粉に分けられます。お菓子作りでは主に、たんぱく質が少なく、グルテンのできにくい薄力粉を使用。薄力粉で実現できる「ふわふわの食感」は日本人の好みです。フランスなどでは、焼き菓子には中力粉を使用する場合も。

【砂糖】

特に断りがない限り、レシピでは上白糖を使用しています。
上白糖を使うと焼き色が濃くつき、しっとりと仕上がります。
グラニュー糖や、グラニュー糖を粉末状にした粉砂糖でも作れます。上白糖よりもすっきりとした甘みで、ダマになりにくく扱いやすいのが特徴。
お好みで、きび砂糖やてんさい糖、ブラウンシュガーなどを使ってもいいでしょう。精製された砂糖に比べて、卵やバターの泡立ちが抑えられ、焼き上がりの膨らみが少し小さくなります。その分、生地が締まり甘みが濃く感じられます。

【卵】

赤玉でも白玉でも可。本書ではMサイズを使用しています。Mサイズの重量は、殻を除いて約50〜55gなので、2個100g前後になります。他のサイズの卵を使用する場合は計量しましょう。卵黄を1つ多めにすると味にコクが出ます。

【バター】

基本的には、食塩不使用バターを使います。塩気が気にならない人は、有塩バターを使ってもいいでしょう。割合については、p27を参照してください。入手できれば発酵バターを使いましょう。香りがぐんと良くなります。
マーガリンでも作れますが、風味に欠ける点があります。ただ、バターに比べてやわらかくなりやすく、扱いやすいという利点も。
パウンドケーキは、バターの割合がほかのお菓子に比べて高いため、使うバターによってできあがりの味わいが大きく変わります。繰り返し作るうちに好きなバターを見つけていくといいでしょう。

【ベーキングパウダー】

パンや焼き菓子に使われる膨張剤の一種で、膨らし粉とも言われています。ベーキングパウダーは水に溶けると炭酸ガスが発生し、このガスが加熱されることによって生地を膨らませます。湿気に弱いので、きっちりと密閉し保存には注意しましょう。ベーキングパウダーは開封すると、膨らむ力がどんどん落ちていきます。小さいサイズを購入し、早めに使い切るようにしましょう。保管していたものが使えるかどうか判断するには、湯に溶かしてみて、「しゅわしゅわ」と発泡すればOK。

道具について

パウンドケーキを作るには、たくさんの道具は必要ありません。
お菓子作りの基本となるものがあれば十分です。
それぞれの選び方や、使い方などのコツを紹介しますが、
ふだん使っているものがあれば、新しく買う必要はありません。

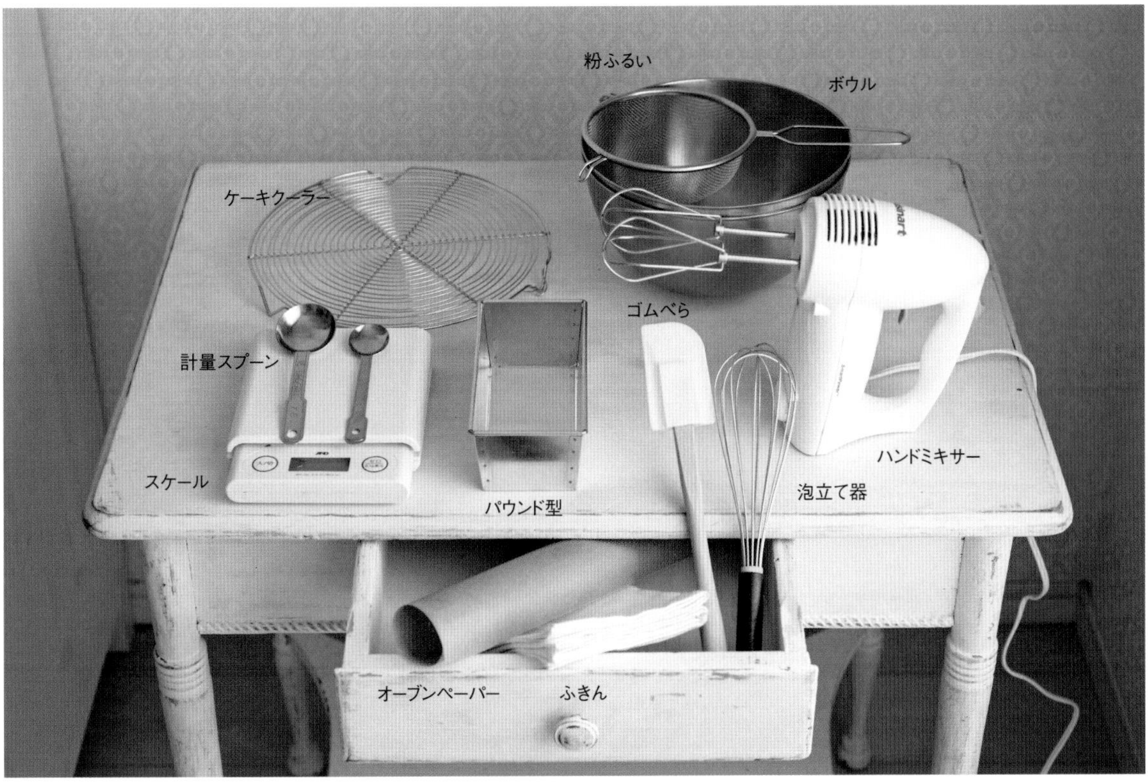

【パウンド型】

本書では、最もポピュラーな長さ18cm(横8.7cm、高さ6cm)の型を使用。さまざまな種類がありますが、おすすめは焼き色がきれいにつくブリキ製で、本書でも使っています。木や紙製ならプレゼントにも最適です(p78)。

【スケール】

デジタル表示スケールで、1g単位で1kgまで計量できるものがおすすめ。器の重さなどをあらかじめマイナスにできる風袋引き機能がついていると、なおよいでしょう。

【計量スプーン】

大さじ=15mℓ、小さじ=5mℓのものを用意します。
粉類や砂糖を量るときは、多めにすくって、スプーンの柄などで余分を落として平らにする"すりきり"が基本です。

【ケーキクーラー】

焼き上がったケーキを冷ますのに使います。なければ、天ぷらの油きりの網や、大きめのざるで代用してもOKです。

【ボウル】

湯せんにかける際は、耐熱のものを使いましょう。少し大きめのものが使いやすく、おすすめです。複数あると便利です。

【粉ふるい】

粉をふるう場合には目があまり細かすぎないものがいいでしょう。洗いやすいこし器などが、衛生面からはおすすめです。

【ハンドミキサー】

バターや卵の泡立てが必要なものは、あると便利。製品によってパワーや羽根の形が異なり、作業時間も一定ではありません。

【泡立て器】

手のサイズやボウルと合っているものを選びましょう。グリップが細めで握りやすいものが、力が入りやすいのでおすすめ。

【ゴムべら】

混ぜたり、生地を集めたりするのに使います。
お菓子作り全般に使える耐熱性のものがおすすめです。

【ふきん】

ぬれぶきんをボウルの下に敷けば、材料を混ぜても大きくずれることがなく、混ぜやすくなります。

【オーブンペーパー】

生地が型にくっつくのを防ぐため、中に敷きます。
型が縦18cmなので、幅30cm前後のものがちょうど合います。

共通の工程

どのようなパウンドケーキを作る場合でも、必要な工程や情報があります。
下準備や作り方、保存など、必ず知っておいてほしいことをまとめました。

【下準備】

バターを室温においてやわらかくしておく

指で押したときにすっと指が入り、へらで何度か混ぜるとクリーム状になれば、ちょうどいい状態。バターがほどよい固さだと空気を含んで泡立ちやすく、卵と合わせても分離しにくく、焼き上がりもほどよく膨らむ。

【作り方】

作り始める前に、冷蔵庫から出しておく。

※暑い時期はやわらかくなりすぎることもあるので、家の中で涼しい場所に置くか、バターから目を離さずにいて、ちょうどいい質感になったらすぐに作業を始める。

§ 室温に出し忘れたときや、すぐに作業を始めたいときは……

- 薄く切ってボウルに入れ、40℃くらいの湯せんにかける(熱すぎると溶けるので注意)。
- 薄く切って耐熱容器に入れ、200Wの電子レンジで30秒ずつ加熱して様子を見る(500Wや600Wの場合は、30秒ほど加熱してから、様子を見ながら10秒ずつ追加)。

薄力粉やベーキングパウダーをふるう

ふるうことでダマをなくし、粉に空気をたっぷり含ませると、加えたときに混ざりやすくなる。あまり目の細かなものでなくて大丈夫。新聞紙や包装紙など大きめの紙の上でふるうと、粉をこぼすこともなく移動も便利。

型の準備をする＜オーブンペーパーを敷く＞

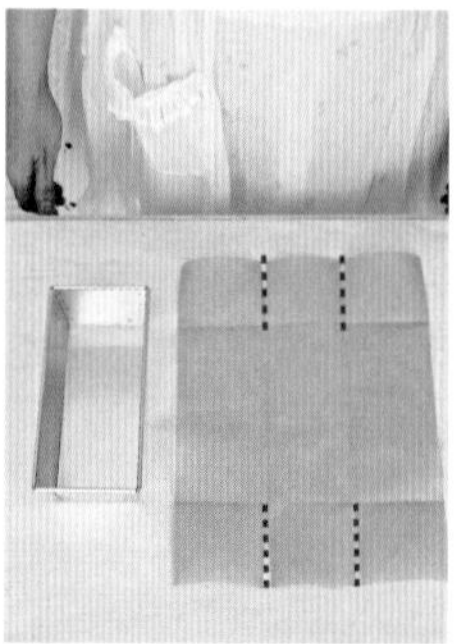

オーブンペーパーを型に合わせてカットし、型をのせて折り目をつけ、必要な部分に切り込みを入れる。

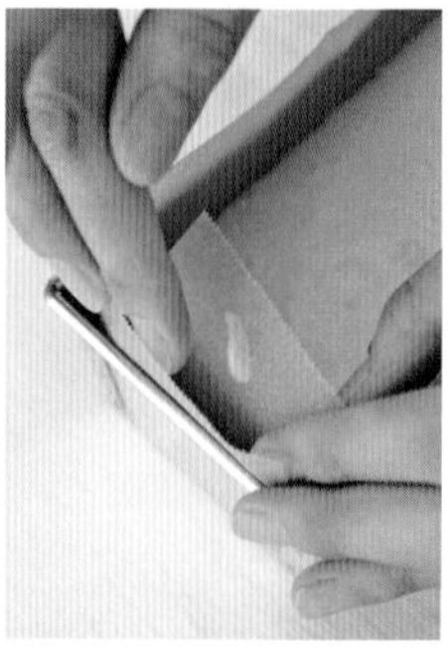

ペーパーの重なっている部分は、少量の生地をのり代わりにしてくっつける。

型の準備をする＜型にバターと強力粉をつける＞

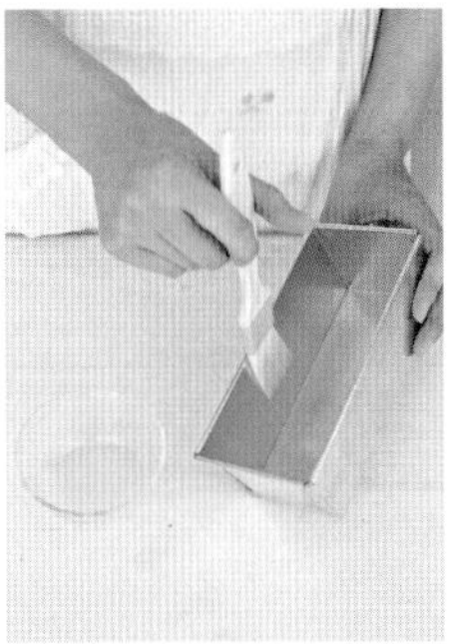

型の下から上に向かって、はけで溶かしバターを薄くぬる。

茶こしで、まんべんなく強力粉をまぶす。

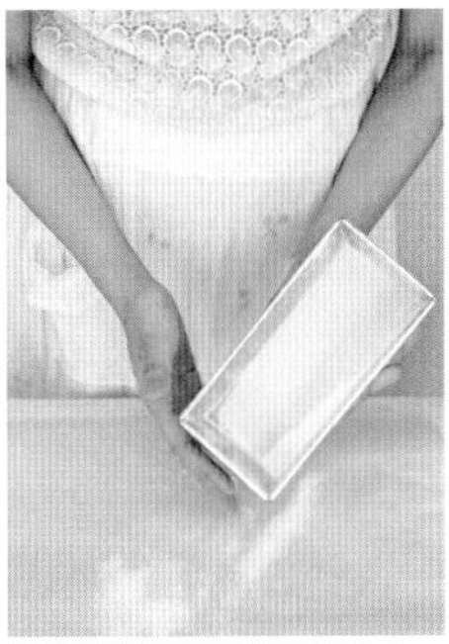

型を傾けて、全体に強力粉が行き渡るようにする。

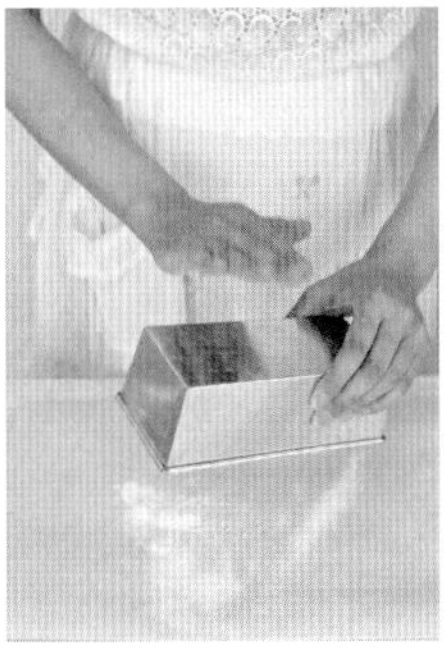

型を逆さにして叩き、余分な粉を落とす。

【混ぜ】

ムラなく混ぜる

材料を混ぜているとき、ボウルのふちについた生地はそのままにしておくと、混ぜ具合にムラができてしまう。まめにゴムべらでかき集めて、均一に混ざるようにするといい。

【焼き】

焼く前に、型を落として空気を抜く

生地を型に流し込んだら、10cmの高さから型ごと落とし、空気を抜く。これで、型の角にもきっちりと生地が入る。

型は天板の中央にのせる

オーブン庫内の熱の当たり方が均一になるよう、型は天板の真ん中に置くようにする。これで焼きムラを防いで、きれいな焼き色がつけられる。

焼きが足りない場合

最長の焼き時間を過ぎても焼けない場合は、次回から温度を10℃高く設定する。予熱をきちんとしているかも確認を。

焼き上がりの時間を合わせる

焼き温度はオーブンによって差があるが、焼き上がりの時間が表示通りになるよう、オーブンの温度を調整する。

生地の表面に切れ目を入れる場合

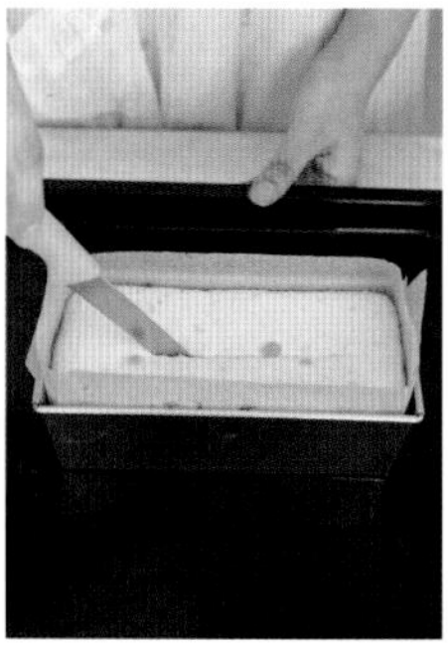

切れ目を入れることで、きれいな焼き上がりになる。焼いて10〜15分ほどたち、表面が固まったところで取り出す。生地がつかないようにぬらしたナイフを中心部くらいの深さまで刺し、真ん中に切れ目を入れる。オーブン内とケーキの温度が下がらないよう、素早く行うこと。

焼き色が濃くなってきた場合

まだ中心部が焼けていないのに、焼き色が濃くなったら、オーブンの温度を10℃下げてアルミホイルをかぶせて焼く。

焼け具合を確認する

ミトンをした手でケーキの真ん中を押して弾力がある、または、竹串を刺して生地がついてこないかを確かめる。焼けていたら20cmの高さから型ごと落とし、生地の中央部がへこむのを防ぐ。焼きすぎると、乾燥して生地がパサつくので注意。

【仕上げ】

冷ますのはペーパーのまま

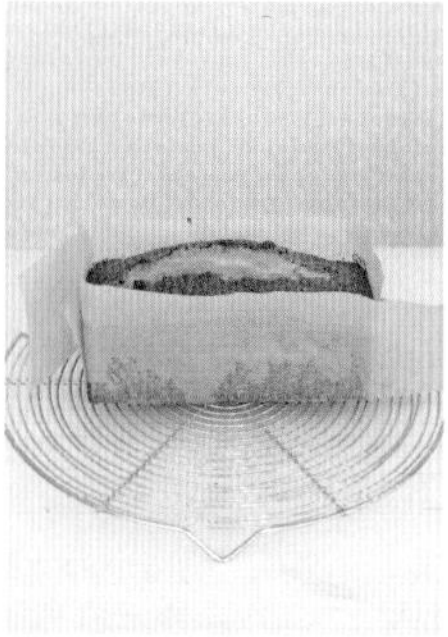

焼けたケーキは型からはずし、敷紙をつけたまま冷ます。ペーパーがついていないと、乾燥してしまうので注意。型から出す際には、やけどに注意を。上にはみ出たペーパー部分を持つようにする。

温かいうちにラップで包む

粗熱がとれたら敷紙をはずし、早いうちにラップで包むこと。まだ湯気が出ているくらいのタイミングで大丈夫。湿気も一緒に閉じ込めることで、ケーキをしっとりと仕上げる。ラップの中に水滴がつくくらいがベスト。

しっとり風味よくしたい場合

ジャムやシロップをぬる。

*アプリコットジャム：裏ごしして温め、粗熱がとれたらはけで表面にぬる。固ければ少量の水を加える。お好みで洋酒を加えても。

*シロップ：砂糖と水（各20g）を、電子レンジかコンロで加熱して砂糖を溶かし、洋酒を大さじ1加える（アルコールを飛ばしたい場合は熱いうちに、飛ばしたくない場合は冷めてから）。ケーキが熱いうちにはけで表面にぬる。お好みでレモン汁を大さじ1加えても。

正しく保存&おいしく戻す

長くおく場合は、さらにラップを重ねるか、密閉容器に入れる。冬場で5〜6日、暑い時期で2〜3日はおいしくいただける。冷蔵庫に入れると生地が締まりすぎてしまうが、梅雨時や暑い季節に日持ちさせたい場合は冷蔵庫で保存を。食べるときは常温に戻してから。1切れにつき、500Wの電子レンジで10〜20秒ほど、または170℃のオーブンで2〜3分温めると、少しふんわりとする。

プレゼントなどにする場合

手でさわると傷みやすいので、日持ちさせたい場合やプレゼントにする場合は、焼けた後の作業は手袋やトングを使用し、直接ケーキに触れないようにする。

Part 1 プレーン パウンドケーキ

バター、砂糖、小麦粉、卵。
これだけの材料で作るプレーンなパウンドケーキは、
シンプルだからこそ、混ぜ方や材料が少し違うだけで、
仕上がりが大きく違ってきます。
手順ごとに分けた4つの作り方と、
粉や砂糖、油分の違いを参考に、自分好みの味を見つけてください。

全卵を加えるシュガー&バター共立て法（*p14*）

メレンゲを加えるシュガー&バター別立て法（*p16*）

泡立て卵に溶かしバターのジェノワーズ法（p18）

ワンボウルで混ぜるだけのオールインミックス法（p20）

全卵を加える
シュガー&バター共立て法

砂糖とバターで、ふんわりさせてから作ります。卵を少しずつ加えるのが、最大のポイント

§ 仕上がり

- しっとりして、ちょっとどっしり
- バターの風味がきいたリッチな味わい

§ メリット/デメリット

- バターの風味が立つので、シンプルなケーキ向き。ひとつのボウルで作れる
- 加える卵の分量を調整する必要がある。間違えると分離しやすい

【材料】 縦18×横8.7×高さ6cmの型1台分

食塩不使用バター … 100g
上白糖 … 100g
卵(M) … 2個(約100g)
薄力粉 … 100g
ベーキングパウダー … 小さじ½

【下準備】

- バターは室温においてやわらかくしておく(p8)
- 卵はボウルに割り入れて軽く泡立て、湯せんにかけ人肌くらいに温めておく(分離しにくくするため。夏場は常温に戻した卵を軽く泡立てて使う)

泡立て器を絶えず動かし、卵に火が入らないようにする

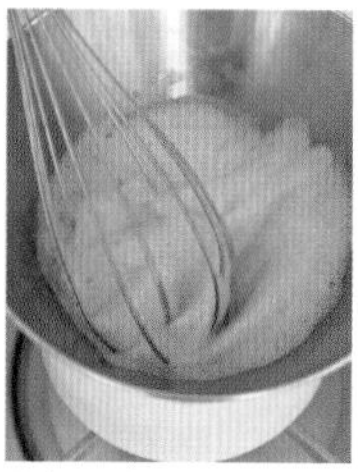

空気を含んでふわふわとし、色が少し薄くなったらOK

- 薄力粉とベーキングパウダーを合わせて、2回ふるう(p8,23)
- 型の準備をする(p8、9)
- オーブンを170℃に予熱する(p5)

【作り方】

1

ボウルにバターを入れ、ゴムべらでよくかき混ぜてクリーム状にする。

少し白っぽくなるまで、ハンドミキサーで泡立てる。

2

*1*に上白糖を半量加えて、なじむまでハンドミキサーで泡立てる。

* 半量ずつ加えるのは、混ぜやすくするためです。

残りの上白糖を加え、さらに白っぽくふわっとなるまでしっかりと泡立てる。泡立ちが足りないと、あとで分離しやすいので念入りに。

*しっかり泡立て、中に細かい気泡を取り込むことで、生地のきめ細かさや食感が生まれます。

3

卵を大さじ1加え、一体感が出て、生地が軽くなるまでよく混ぜる。

混ざってからもさらによく泡立て、最後にゴムべらでボウルのまわりについた生地を集めて、再度全体を混ぜ合わせる。

4

卵を全て入れるまで*3*を繰り返す。必ず、卵は大さじ1ずつ加える。一度にたくさん加えると、どんなに混ぜても分離してしまう。

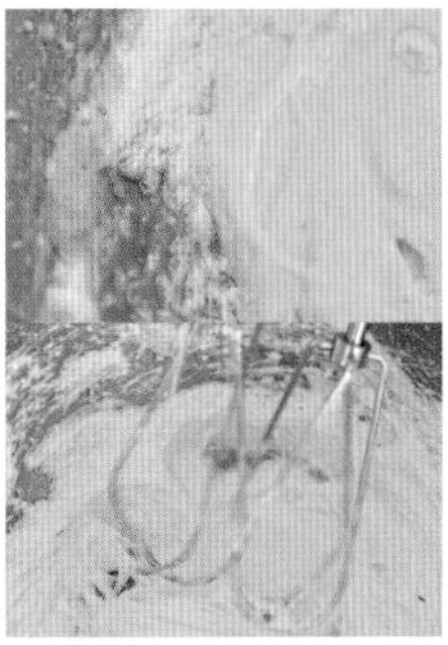

※油が浮いて分離したら

軽い分離なら、ふるった粉類の¼量を加えて混ぜ合わせる。完全に分離している場合は、ボウルの底を約50℃の湯せんにかけながらよく混ぜる。生地に一体感が出たら、なんとかOK。

5

粉類を半量ふるい入れ、ゴムべらでさっくりと混ぜる。

* 半量ずつ入れるのは、混ぜやすくするためです。

粉が見えなくなったら残りの粉類を加え、生地が均一になりつやが出るまで、さらに全体をよく混ぜ合わせる。

* 混ぜすぎると固く締まったケーキになります。逆に混ぜるのが足りないとつながりが弱く、ぼそぼその食感になります。

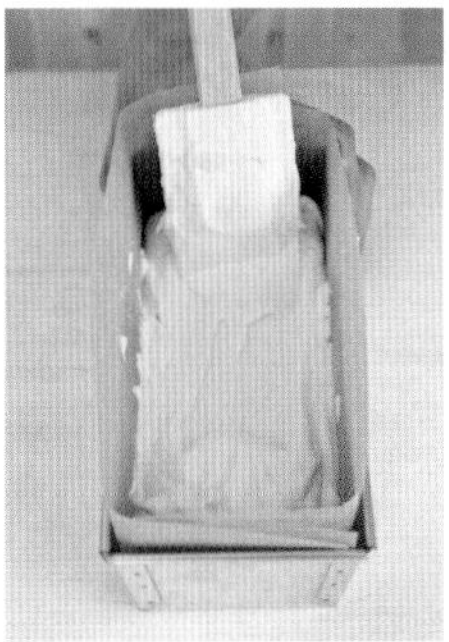

6

型に入れて平らにならす。10cmの高さから型ごと落として空気を抜く(p9)。真ん中が膨らむので、中央をくぼませて、少しまわりを高くしておく。

7 型を天板にのせる(p9)。乾燥と、ケーキの表面に斑点が出るのを防ぐため、霧吹きで庫内に水を吹き、170℃のオーブンで40〜50分ほど焼く。途中で、表面にナイフで切れ目を入れる(p10)。

8 焼け具合を確認する(p10)。

9 型からはずし、敷紙をつけたままケーキクーラーの上で冷ます(p10)。

10 粗熱がとれたら敷紙をはずし、温かいうちにラップで包む(p10)。

メレンゲを加える
シュガー&バター別立て法

卵白と卵黄に分けて加える作り方。しっかりとしたメレンゲが食感のキーになります

§ 仕上がり

- ふわふわとした食感は日本人好み
- ほんのりとした甘さが広がります

§ メリット／デメリット

- メレンゲさえしっかりと作れば、失敗しづらい。好きな人の多いふんわりとした食感なのでプレゼントにも
- 加えるメレンゲのでき次第で、仕上がりが大きく変わる

【材料】 縦18×横8.7×高さ6cmの型1台分

食塩不使用バター … 100g
上白糖Ａ … 50g
卵黄(M) … 2個分
卵白(M) … 2個分
上白糖Ｂ … 50g
薄力粉 … 100g

【下準備】

- バターは室温においてやわらかくしておく(p8)
- 卵は事前に冷蔵庫で冷やしておき、作業の直前に卵黄と卵白に分けて(卵白に、少しでも黄身が入らないよう慎重に)、卵白は使う直前までボウルごと冷やしておく(卵白は常温のほうが泡立ちやすいが、冷たいほうがきめ細かなメレンゲになる)
- 薄力粉は2回ふるう(p8)
- 型の準備をする(p8)
- オーブンを170℃に予熱する(p5)

【作り方】

1

ボウルにバターを入れ、へらでよくかき混ぜてクリーム状にする(p14)。
少し白っぽくなるまで、ハンドミキサーで泡立てる(p14)。

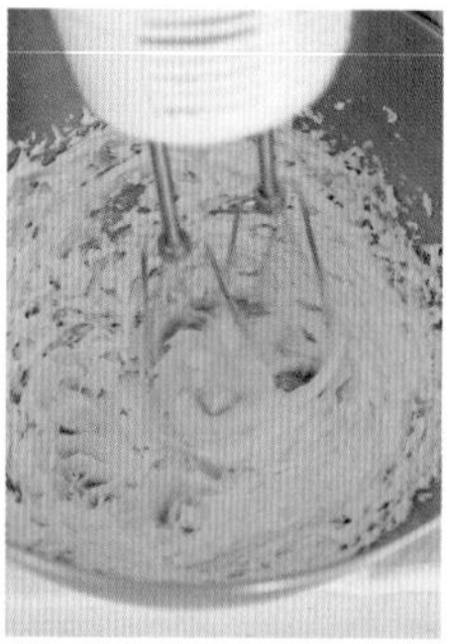

2

*1*に上白糖Ａを加え、白っぽくふわっとなるまでハンドミキサーでしっかりと泡立てる。泡立ちが足りないと、あとで分離しやすいので念入りに。

*しっかり泡立て、中に細かい気泡を取り込むことで、生地のきめ細かさや食感が生まれます。

3

*2*に卵黄を1個分ずつ加えて、その都度、なめらかになるまでよく混ぜ合わせる。

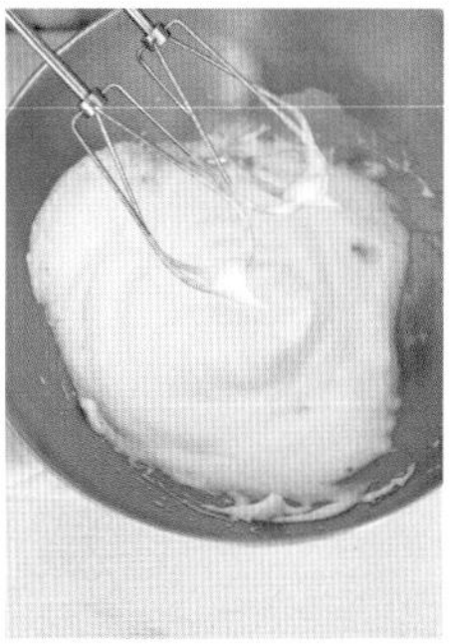

4

冷やしておいた卵白を泡立て、少し角が立つくらいにする。上白糖Bの⅓量を加えてさらによく泡立て、残りの上白糖Bを2回に分けて加える。

しっかりとしたメレンゲを作る。

* 道具に油分や水分がついていると、泡立ちにくくなります。特に油分が入ると少量でもメレンゲが立たなくなります。

5

3の生地に4のメレンゲを⅓量入れて、泡がつぶれてもいいので、ゴムべらでなじむまでよく混ぜる。

6

薄力粉を半量ふるい入れ、ゴムべらでさっくりと混ぜる。

* 半量ずつ加えるのは、混ぜやすくするためです。

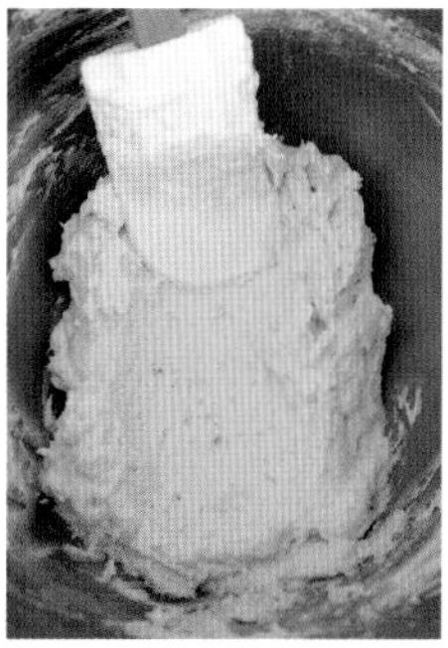

粉が見えなくなったら、残っているメレンゲの半量を加え、さらに全体をよく混ぜ合わせる。

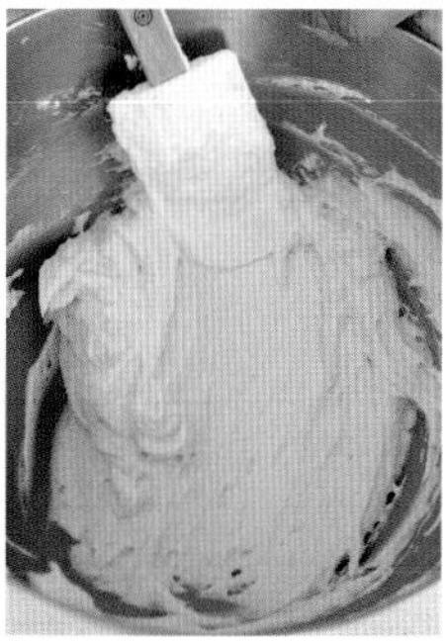

7

残りの薄力粉を加えて全体を混ぜ、残りのメレンゲを加え、生地がなめらかになり、つやが出るまで混ぜる。

* 混ぜすぎると固く締まったケーキになります。逆に混ぜるのが足りないと、つながりが弱く、ぼそぼその食感になります。

8

型に入れて平らにならす。10cmの高さから型ごと落として空気を抜く(p9)。

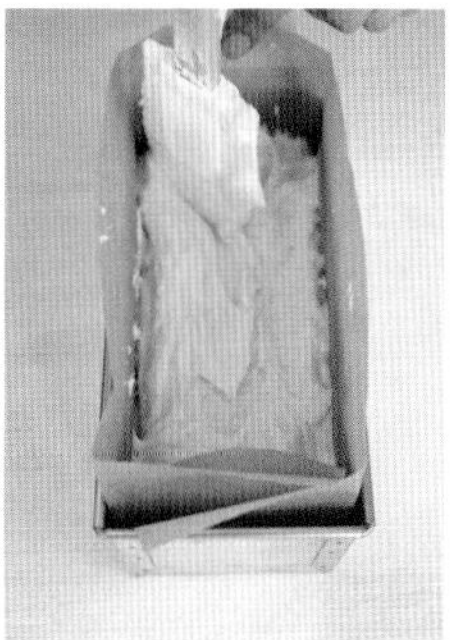

真ん中が膨らむので、中央をくぼませて、少しまわりを高くしておく。

* 生地が固めなので、型の端まで行き渡るように生地をのばしましょう。

9 型を天板にのせる(p9)。乾燥と、ケーキの表面に斑点が出るのを防ぐため、霧吹きで庫内に水を吹き、170℃のオーブンで40〜50分ほど焼く。途中で、表面にナイフで切れ目を入れる(p10)。

10 焼け具合を確認する(p10)。

11 型からはずし、敷紙をつけたままケーキクーラーの上で冷ます(p10)。

12 粗熱がとれたら敷紙をはずし、温かいうちにラップで包む(p10)。

泡立て卵に溶かしバターのジェノワーズ法

卵と砂糖をしっかりと泡立てたところに、溶かしたバターを加えて作ります

§ 仕上がり

- 卵の甘さが広がり、カステラのよう!?
- ふんわりしっとりとしながらも、軽めの食感

§ メリット／デメリット

- ひとつのボウルで作れる。下準備が少なめなので、手軽
- 温度を調整するなど、泡立てと混ぜ方にコツが必要

【材料】 縦18×横8.7×高さ6cmの型1台分

食塩不使用バター…100g
上白糖…100g
薄力粉…100g
卵(M)…2個(約100g)

【下準備】

- バターは湯せんにかけて溶かし、使う直前まで保温しておく
- 薄力粉は2回ふるう(p8)
- 型の準備をする(p8、9)
- オーブンを170℃に予熱する(p5)

【作り方】

1

ボウルに卵を割り入れて上白糖を加え、ハンドミキサーで軽く泡立てる。60℃くらいの湯せんにかけながら泡立てる。

卵液が体温より少し高い温度(38〜40℃)になり、濃い黄色になって混ぜた跡が残るくらいになったら湯せんからはずす。

* 卵が最もよく泡立つ40℃くらいまで、きちんと温めること。35℃くらいまででは泡立ちが弱くなり、高すぎると卵が煮えてしまいます。

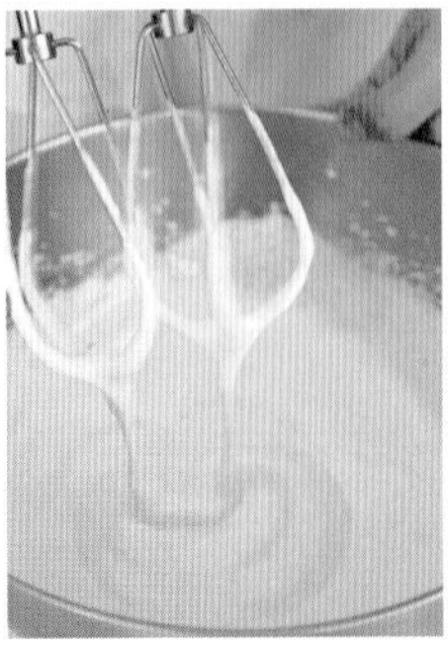

2

*1*をさらに泡立てる。温度が下がってくると、キメが細かくなり、泡立て器で持ち上げたときに、すぐに流れずにゆっくりと落ちる生地になる。

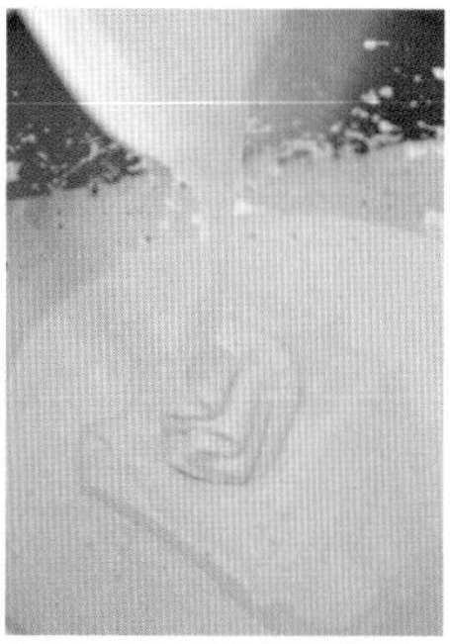

泡立て器から落ちた生地が、折り重なるくらいの固さまで泡立てる。

*しっかり泡立て、中に細かい気泡を取り込むことで、生地のきめ細かさや食感が生まれます。

3

薄力粉を半量ふるい入れ、ゴムべらでざっくりと混ぜる。

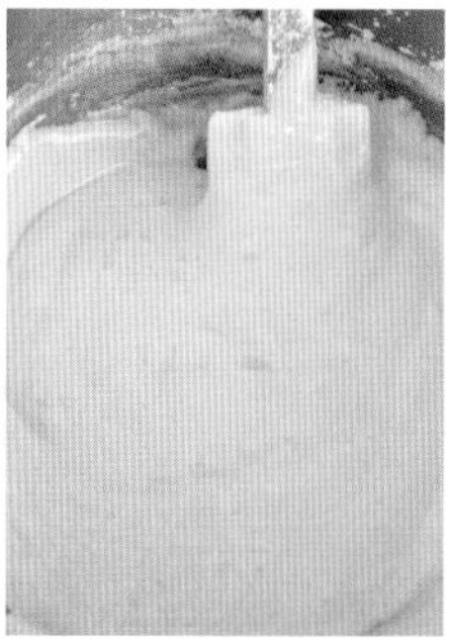

粉が見えなくなったら、残りの薄力粉を加える。

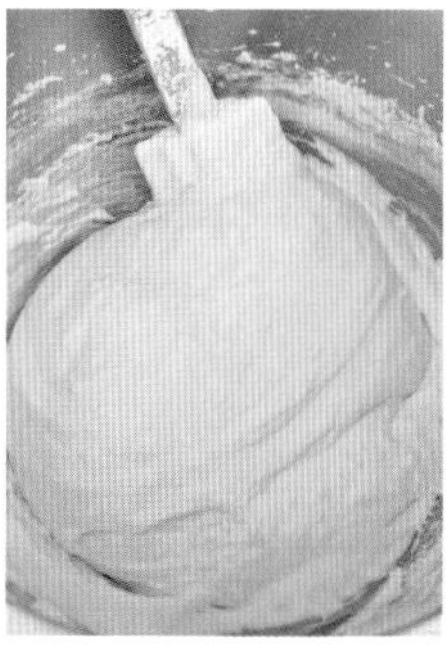

さらにゴムべらで全体をざっくりと混ぜ合わせる。粉が少し残っているくらいでOK。

4

溶かしバターを3回に分けて加える。

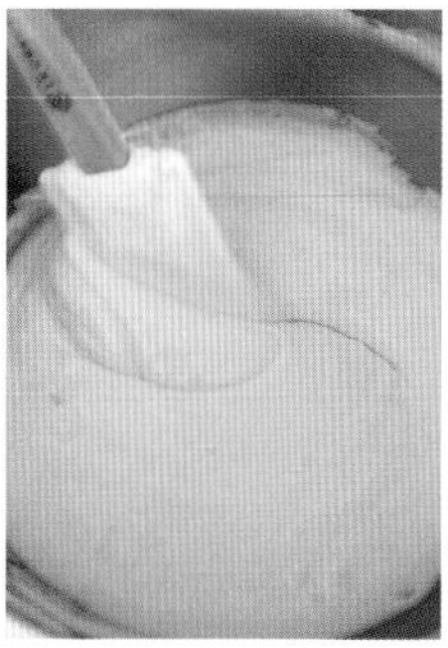

泡が少し消えてもいいので、その都度ゴムべらで底からしっかりとかき混ぜる。ただし、作業を手早く行う。

* 混ぜるのが足りないと、つながりが弱く、ぼそぼその食感になります。

※バターを混ぜ足りないと

混ざりきらなかったバターが、ところどころに出てしまう。風味も食感も損なわれる。

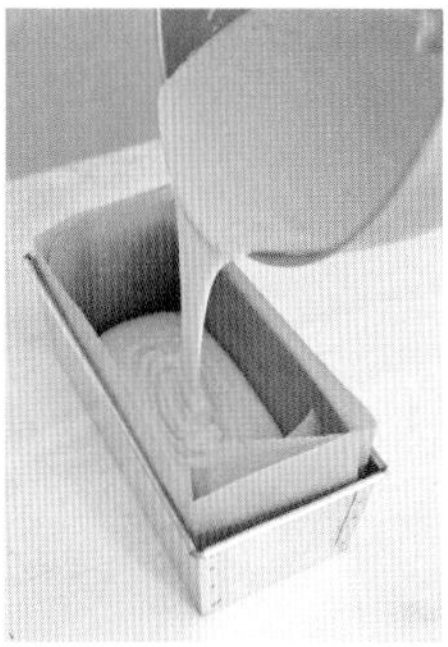

5

型に入れて平らにならす。10cmの高さから型ごと落として空気を抜く(p9)。

6 型を天板にのせる(p9)。乾燥と、ケーキの表面に斑点が出るのを防ぐため、霧吹きで庫内に水を吹き、170℃のオーブンで40〜50分ほど焼く。途中で、表面にナイフで切れ目を入れる(p10)。

7 焼け具合を確認する(p10)。

8 型からはずし、敷紙をつけたままケーキクーラーの上で冷ます(p10)。

9 粗熱がとれたら敷紙をはずし、温かいうちにラップで包む(p10)。

ワンボウルで混ぜるだけの
オールインミックス法

材料を順に加えて、混ぜ合わせていくだけ。とても簡単なので、思い立ったらすぐ作れます

§ 仕上がり

- どっしり&しっとりとした食感で、素材の味、特にバターの香りがする

§ メリット／デメリット

- とにかく簡単なので、初心者にぴったり。ハンドミキサー不要
- 数日がたつと、食感が損なわれやすくなる

【材料】 縦18×横8.7×高さ6cmの型1台分

上白糖 … 100g
薄力粉 … 100g
ベーキングパウダー … 小さじ½
食塩不使用バター … 100g
卵(M) … 2個(約100g)

【下準備】

- バターは室温においてやわらかくしておく(p8)
- 卵を常温に戻しておく
- 薄力粉とベーキングパウダーを合わせて、1回ふるう(p8、23)
- 型の準備をする(p8、9)
- オーブンを170℃に予熱する(p5)

【作り方】

1

ボウルに上白糖、粉類を入れ、泡立て器でぐるぐると混ぜる。

ダマがなくなり、サラサラとしたらOK。

2

*1*にバターと卵を加える。

*バターは必ずやわらかくしてから加えること。混ぜ具合に影響します。

泡立て器を上下に動かしてバターをほぐし、粉類、卵を混ぜ合わせていく。

なじんでなめらかになるまで、ぐるぐると混ぜ合わせる。

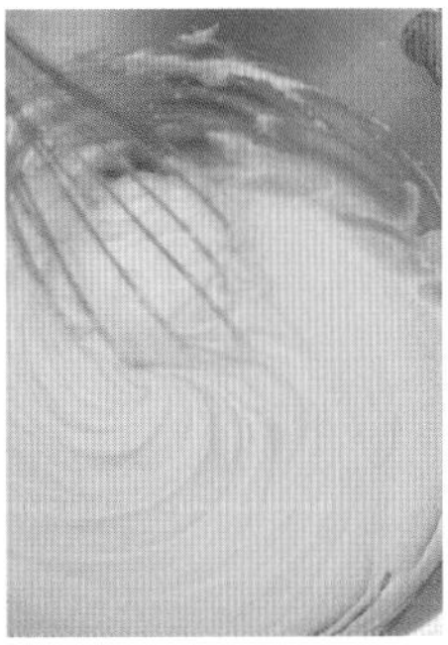

全体が混ぜ合わさり、つやが出たらOK。

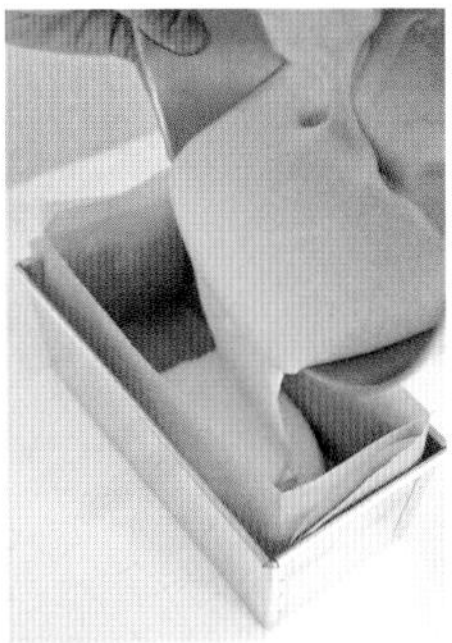

3

型に入れて平らにならす。

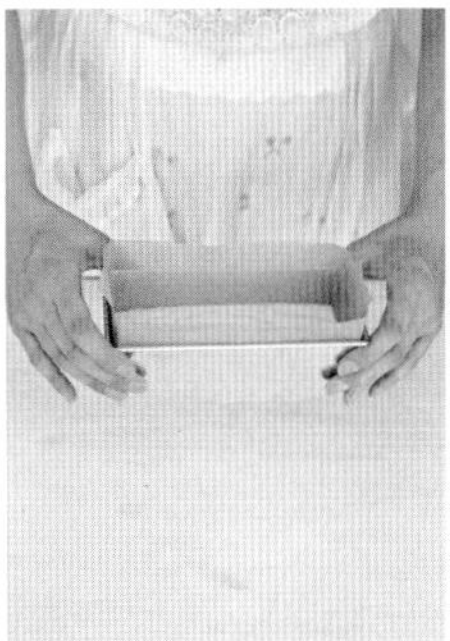

10cmの高さから型ごと落として空気を抜く(p9)。

4

型を天板にのせる(p9)。乾燥と、ケーキの表面に斑点が出るのを防ぐため、霧吹きで庫内に水を吹き、170℃のオーブンで40～50分ほど焼く。途中で、表面にナイフで切れ目を入れる(p10)。

5

焼き上がったら天板ごと取り出し、焼け具合を確認する(p10)。ミトンをした手でケーキの真ん中を押して、弾力があるかを確かめる。

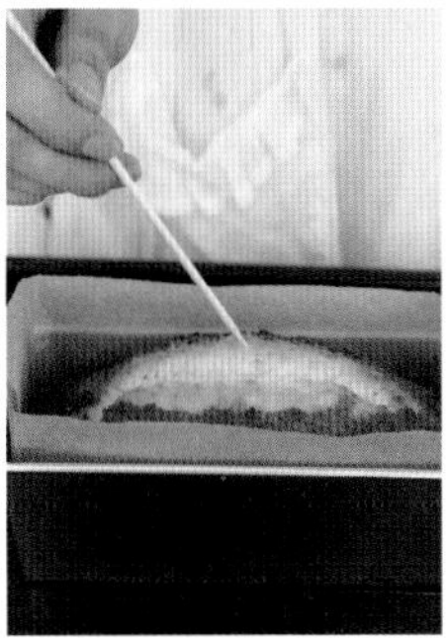

竹串を刺して、生地がついてこないか確認してもいい。

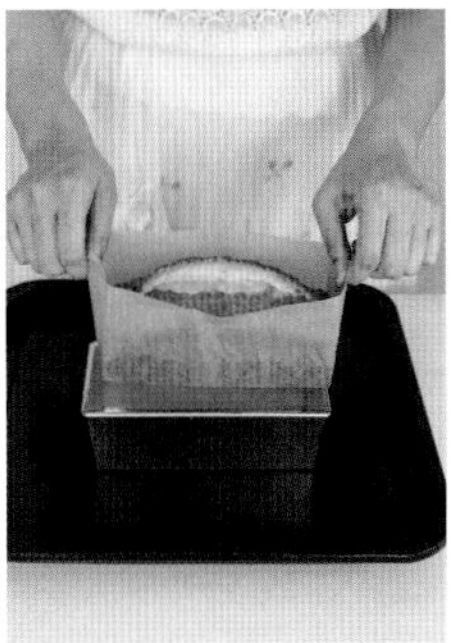

6

型からはずし、敷紙をつけたままケーキクーラーの上で冷ます(p10)。

7 粗熱がとれたら敷紙をはずし、温かいうちにラップで包む(p10)。

粉の違い

本書では、材料となる小麦粉は、基本的に薄力粉を使っていますが、
強力粉や、小麦粉以外の材料でも作ることができます。
それぞれのおいしさや食感、風味、香りがあるので、
いろいろ試してみて、好きな味を見つけてみてください。

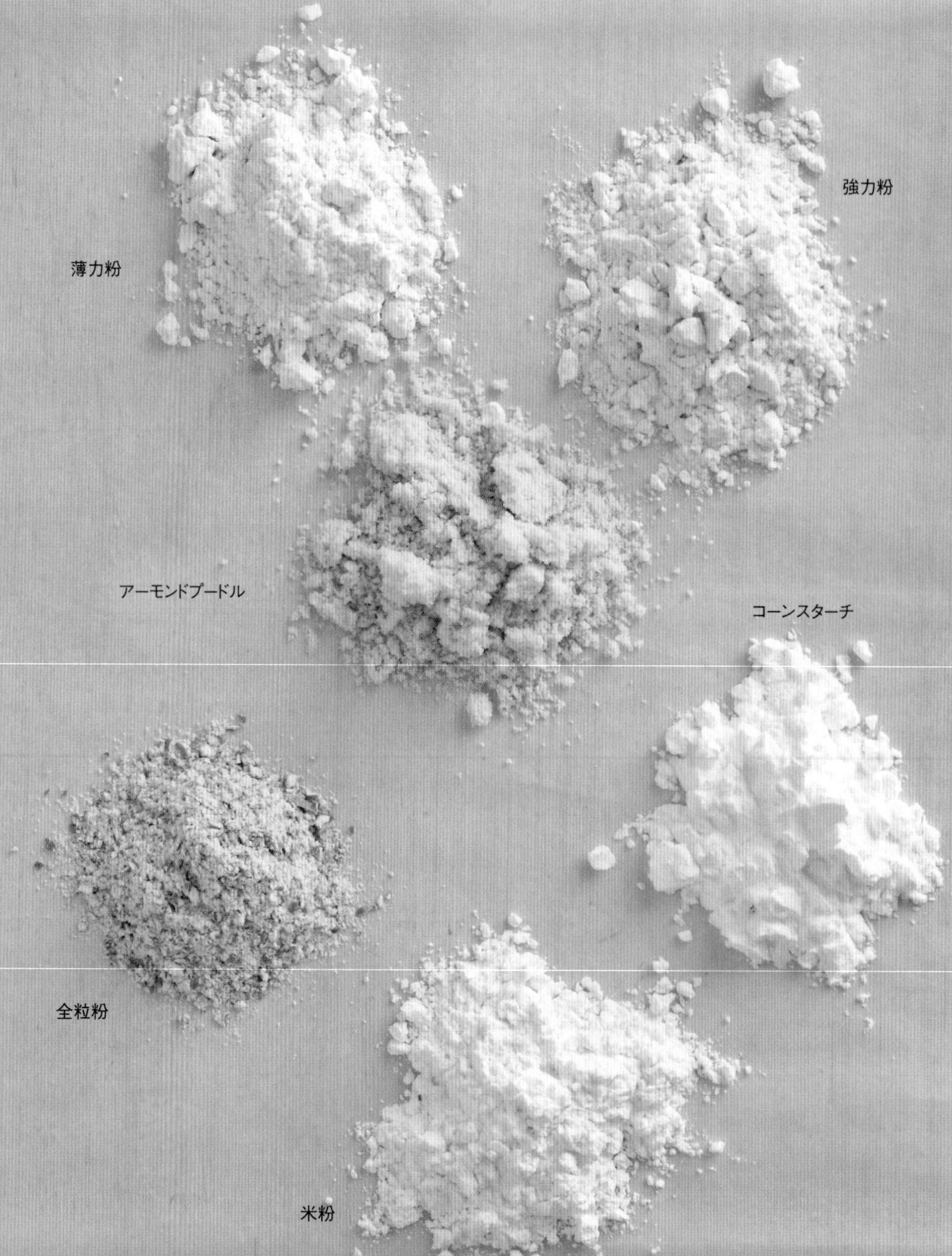

【薄力粉】

タンパク質の割合が8.5% 以下のもので、ケーキなどのお菓子のほか、天ぷらにも使われます。薄力粉100%のケーキは、作り方にもよりますが、軽い食感になるのが特徴。日本人好みのふわふわとしたスポンジのような仕上がりにするなら、薄力粉のみで作るのがおすすめです。

【強力粉】

タンパク質の割合が12% 以上のもので、パンや中華麺に使われています。強力粉だけを使うのは、お菓子作りには向かないとされていますが、フランスではどっしりとした食感が好まれており、強力粉をブレンドすると本場らしい味になります。薄力粉のみで作ったものと、見た目はほとんど変わりません。

＜割合＞
薄力粉の50%くらいまで変えてOK。強力粉の割合が高いほど、重めのケーキになります。

【アーモンドプードル】

英語ではアーモンドパウダーと言います。アーモンドの皮をむき、粉末状にしたもの。ナッツの甘みや風味が加わるので、焼き菓子には欠かせない存在です。パウンドケーキに使うと、香ばしさが引き立ち、アーモンドのコクがケーキの味に深みを出してくれます。

＜割合＞
薄力粉の30%くらいまで変えてOK。使う前に、薄力粉と合わせてふるっておきましょう。

薄力粉だけのものと見た目はほとんど変わりませんが、少し黄色っぽい感じも

薄力粉に何か別の粉を加える場合は、あらかじめ合わせてふるっておく必要があります。

【全粒粉】

小麦の表皮、胚芽、胚乳をすべて粉にしたもの。薄力粉より栄養価が高く、3倍程度の食物繊維や鉄分を含むため、ヘルシーなスイーツによく使われています。パウンドケーキに使うと、ざくっとした食感と、小麦そのものの香りや風味がきいた味わいになります。

＜割合＞
薄力粉の30%くらいまで変えてOK。使う前に、薄力粉と合わせてふるっておきましょう。

全粒粉の粒感が見えてざっくりとしていて、やや茶色っぽいところも

【コーンスターチ】

とうもろこしから作る純度の高いでんぷんのこと。パウンドケーキに使うと、でんぷんなのでふわふわとした食感になり、粒が細かいため軽くてキメの細かい生地になります。薄力粉のみで作ったものと、見た目はほとんど変わりません。

＜割合＞
薄力粉の30%くらいまで変えてOK。使う前に、薄力粉と合わせてふるっておきましょう。

【米粉】

米を製粉したもので、最近では小麦粉の代わりに使われることも増えてきました。米ならではのほのかな甘みが感じられ、見た目はふわふわとしながらも、食べるとしっとり、もっちりとした食感が楽しめます。薄力粉のみで作ったものと、見た目はほとんど変わりません。

＜割合＞
薄力粉の全量を変えてOK。製菓用のものを選べばクセもなく扱いやすいです。

砂糖の違い

本書の多くのレシピでは、
焼き色が濃くつき、しっとりと仕上がる上白糖を使っています。
使う砂糖によって、味わいや香り、風味、焼き色まで違ってくるので、
中に入れる素材などの組み合わせで、自由に楽しみましょう。

【上白糖】

ブドウ糖と果糖が結合したショ糖を主成分とした、一般的な砂糖のこと。グラニュー糖に比べて甘みが強くコクがあり、しっとり仕上がります。また、仕上がりの焼き色が濃く出やすいことも。手に入れやすく使いやすいのですが、ダマになりやすい特徴もあります。

【グラニュー糖】

細かい粒状に結晶させた精製糖の一種で、上白糖よりサラサラしています。粒が大きい分、溶けにくいので、上部に斑点ができやすい特徴も。非常に目の細かい特細目タイプを使うと、斑点が出にくくなります。上白糖で作ったものより、グラニュー糖のほうが焼き色がやや薄くなります。

＜割合＞
上白糖の全量を変えてOK。

上部に斑点が出てしまった状態。味には影響ありません

【粉糖】

ザラメやグラニュー糖を粉末状に粉砕した、粒子の細かい砂糖のこと。液体にもバターにも溶けやすいので、作業がしやすく、きめが細かく口当たりもなめらかに仕上がります。湿気に弱く固まりやすいので、密閉容器に入れて保存を。上白糖で作ったものより、粉糖のほうが焼き色がやや薄くなります。

＜割合＞
上白糖の全量を変えてOK。固まっていれば使用前にふるいにかけましょう。

【はちみつ】

ミツバチが採集した花の蜜のこと。香りや風味が強いので、パウンドケーキに入れてしっかり焼き込んでも、はちみつそのものの味が楽しめます。しっとりとした生地で、焼き目(特に上の割れた部分)が濃くなるのが特徴。

＜割合＞
上白糖の30%くらいまで変えてOK。シュガー&バター別立て法(p16)の場合は、バターに加える上白糖をはちみつで代用可。

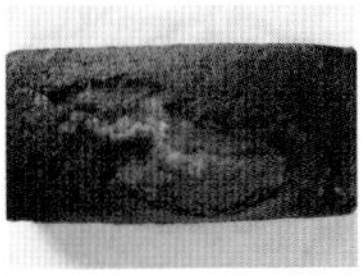

濃い焼き色がつくのは、はちみつが焦げやすい性質のため

【黒糖】

サトウキビの搾り汁を煮詰めて作る、黒褐色の砂糖を指します。カラメルのような甘みが感じられ、しっとりと仕上がります。ミネラル分が多く含まれているので、渋味や苦味があり、組み合わせる素材の相性を考えるといいでしょう。

＜割合＞
上白糖の全量を変えてOK。ただし、シュガー&バター別立て法(p16)の場合は、卵白に加える砂糖は白砂糖のほうが膨らみがよくなります。粉末状のものを選ぶと、扱いやすくなります。

黒糖そのものの色が、生地にもよく反映されています

【きび砂糖】

精製途中の砂糖液を、そのまま煮詰めたもの。素朴な風味と甘さがあり、さらっとした粉末で溶けやすいのが特徴です。優しい甘さと、深みのあるコクが楽しめます。やや雑味があるので、入れる素材との相性を考えましょう。

＜割合＞
上白糖の全量を変えてOK。ただし、シュガー&バター別立て法(p16)の場合は黒糖と同様です。粉末状のものを選ぶと、扱いやすくなります。

上白糖で焼いたものより、少し茶色が濃いように感じます

【メープルシュガー】

カエデの樹液を煮詰めたメープルシロップから、水分だけを取り除いて作られます。控えめな甘さの中に深い味わいと風味があり、豊かな独特の香りとしっとりとした食感が出ます。砂糖そのものに味があるので、組み合わせる素材は相性を考えて選びましょう。

＜割合＞
上白糖の全量を変えてOK。ただし、シュガー&バター別立て法(p16)の場合は、黒糖と同様です。粉末状のものを選ぶと、扱いやすくなります。

上白糖と黒糖の中間くらいの色味。生地のしっとり感あり

油分の違い

本書では、バターは基本的には食塩不使用タイプを使用し、
入手できる場合は、発酵バターを推奨しています。
それは、仕上がりの香りが、格段によくなるからです。
ケーキによっては、植物油も使用しています。

カルピス発酵バター　明治発酵バター　よつ葉発酵バター　エシレバター

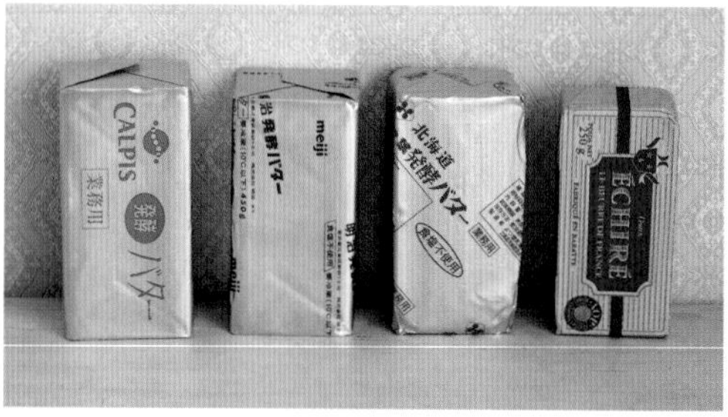

【発酵バターについて】
お菓子の本場・ヨーロッパでは、バターと言えば発酵バターが主流です。それは豊かな香りとコクがあるから。
一般的なバターは生乳をクリームと脱脂粉乳に分離させて作りますが、発酵バターは乳酸菌を加えて発酵させます。これにより、独特の芳醇な香りとコクをもったバターになるのです。

＜カルピス発酵バター＞
４種の中で最も白く、上品な香りと芳醇な味わいが特徴。繊細であっさりとした味わいは一番です。ケーキに使うと、ふんわりとした上品な香りが楽しめます。

＜明治発酵バター＞
４種の中では、一番バターならではのコクや香りが濃厚です。生地に混ぜて焼き込んでも風味が損なわれず、少し強めのチーズのような香りが残るほど。

＜よつ葉発酵バター＞
明治のものに比べ、軽い口当たり。酸味を含んだ香りが少しあり、あとから濃い生乳の香りが出てきます。味や風味など、バランスのとれた仕上がりになります。

＜エシレバター＞
英国王室が御用達にするほど、最高級の品質。ケーキに入れてもその風味は強く残り、口に入れた途端しっかりとしたコクや香りが感じられ、後味はスッとさわやかです。

【有塩バターを使用する場合】

p6で説明しているように、塩気が気にならなければ、有塩バターを使っても作れます。
食塩相当量が表示されているものもありますが、ナトリウム量からも食塩相当量を計算することができます。

ナトリウム量(mg)×2.54÷1000＝食塩相当量(g)

これは、食品に含まれるナトリウムが全て食塩から由来していると考えたときの換算式です。
食塩以外に含まれるナトリウムもあるため、実際に食品に含まれる食塩量は、換算式の値よりも少ないでしょうから、あくまでも目安として利用してください。
レシピに使う分量と有塩量を比べてみて、お好みで有塩バターを使ってもOKです。

§ 食塩相当量

- 雪印北海道バター(200g 約1.4g／100g
- 明治北海道バター(200g) 約1.5g／100g
- カルピス特撰バター(450g) 約1.4g／100g
- よつ葉バター(200g) 約1.6g／100g

【植物油を使用する場合】

パウンドケーキには基本的にはバターを使用しますが、植物油で代用することも可能。バター特有の豊かな香りや風味はありませんが、香りがないぶん、素材の味がダイレクトに感じられます。また、サクッとした食感が楽しめ、冷やしても固くなりすぎないのが特徴。使う油は、香りや味にクセがないタイプか、ケーキの風味に合うものを選びましょう。

<太白ごま油>
一般的なごま油はごまを焙煎してから搾りますが、太白ごま油は生のまま搾油します。ほぼ透明で、ごま油特有の香りがしません。軽い口当たりで、ケーキにもぴったりです。

<菜種油>
主にセイヨウアブラナから採取したもので、よく天ぷらに使われています。黄色くとろりとした質感。特有の香りとクセがあるので、味を見てから使いましょう。

<サラダ油>
最も広く使われている油。味やにおいにまったくクセがありませんが、少し酸化しやすいので、時間をおかずに食べるケーキに使用するのがおすすめです。

<グレープシードオイル>
ぶどうの種から油分を抽出したもの。クセがまったくなく、香りや味がほとんどありません。サラサラとしているので、ケーキもあっさり仕上がります。

香りで楽しむパウンドケーキ

シンプルなパウンドケーキは、それだけでもじゅうぶんおいしいですが、
少し香りをつけるだけでも、がらっと雰囲気が変わります。
ぜひ、いろいろ試してみて、お好みの味を見つけてください。
単独はもちろん、ミックスしてもより奥行きのある仕上がりになります。

― スパイス ―

シナモンやカルダモンなどがポピュラー。
少し入れるだけで風味が変わります。
オールスパイス、ジンジャー、ペッパー、アニス、クローブなどもお好みで。
粉末状のものは粉類と一緒にふるってから使いましょう。

― レモン ―

すりおろした皮や、果汁を少し加えると、さわやかな香りと味になります。
皮は白い部分に苦味があるので、黄色い部分のみ入れるようにしましょう。
手に入れば国産のレモンがおすすめ。オレンジや柚子など、ほかの柑橘を使っても。

― バニラ ―

バニラオイル、バニラエキストラ、バニラビーンズなどいろいろな種類がありますが、手に入りやすいものを使いましょう。
バニラ特有の甘い香りは高級感が出ます。
バニラビーンズはさやに縦に包丁を入れ、種をこそげとって使います。

― 洋酒 ―

ブランデー、ラム酒はどんなものでもよく合います。オレンジのリキュール「コアントロー」や「グランマニエ」、チェリーのリキュール「キルシュ」などもよく使われます。パウンド1台につき大さじ1ほど加えるといいでしょう。

<レモン、バニラ、洋酒を加えるタイミング>

シュガー&バター共立て法(p14)、シュガー&バター別立て法(p16)は粉を加える前のバター生地に。
ジェノワーズ法(p18)は卵と砂糖を泡立てた後に。オールインミックス法(p20)はバター、卵と一緒に加えます。

Part 2　パウンドケーキ　バリエーション

パウンドケーキの楽しみは、加える材料によって、
さまざまな味が楽しめること。
定番のチョコレートやフルーツ、ナッツのほか、
和風やチャイ、マーブル模様や2色など、
さまざまなレシピを紹介しています。
ブランチやおつまみにもぴったりな、塩味のケーキもお試しあれ。

焦がしバターと塩のケーキ

香ばしいバター風味のふわふわ生地に、塩の隠し味を。
シンプルだからこそ、材料にこだわってみても

【材料】　縦18×横8.7×高さ6cmの型1台分

食塩不使用バター … 110g
卵 … 2個
砂糖 … 100g
塩 … 小さじ½
薄力粉 … 100g
塩(仕上げ用) … 少々
* 仕上げ用の塩は、少し粗めのものだと粒感が出るのでおすすめです。

*塩いろいろ

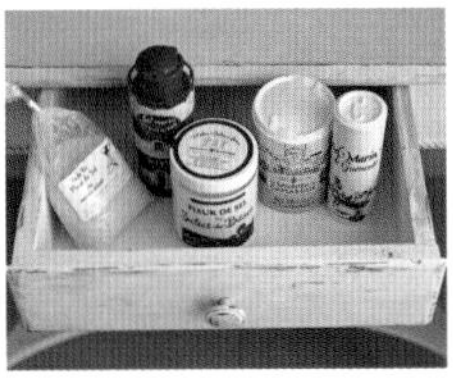

塩によって、仕上がりの味が変わってきます。ミネラルが豊富で、まろやかな味わいの自然塩（天然塩）がおすすめ。いろいろな塩を使って、それぞれの違いを感じながらケーキを味わってみては？

余熱を防ぐため、できあがったらすぐに水につける

【下準備】

- 薄力粉は2回ふるう(p8、9)
- 型の準備をする(p8)
- オーブンを170℃に予熱する(p5)

【作り方】　ジェノワーズ法(p18)

1 バターは小さく切り、鍋に入れて火にかける。全体が溶けて、薄い茶色になるくらいまで中火で熱する。

2 火を止め、鍋底を水につけて冷やし(*a*)、粗熱がとれたらこし器でこす。
* 火を止めてもどんどん加熱されてしまうので、色づいたらすぐに鍋底を水につけます。

3 ボウルに卵を割り入れて砂糖と塩を加え、60℃くらいの湯せんにかけながら、ハンドミキサーで泡立てる。卵液が体温より少し高い温度(38〜40℃)になったら湯せんからはずす。

4 泡立て器で持ち上げたときに、すぐに流れずにゆっくりと落ちてきて、生地が折り重なるくらいの固さになるまで、3をさらに泡立てる。

5 薄力粉を半量ふるい入れ、泡立て器でざっくりと混ぜる。粉が見えなくなったら、残りの薄力粉を加え、さらにゴムべらで全体をざっくりと混ぜ合わせる。粉が少し残っているくらいでOK。

6 2のバターを3回に分けて加え、その都度ゴムべらで底からかき混ぜる。

7 型に入れて平らにならす。型の底を軽く打ち付けて空気を抜く。

8 霧吹きで庫内に水を吹き、170℃のオーブンで35〜45分ほど焼く。

9 竹串を刺して生地がついてこない、または真ん中を押してみて弾力があれば焼き上がり。

10 20cmの高さから型ごと落とす。型からはずし、敷紙をつけたままケーキクーラーの上で冷ます。

11 まだ温かいうちに、塩を上面に振る。

12 粗熱がとれたら敷紙をはずし、温かいうちにラップで包む。

ガトー・ウィークエンド

レモン風味の生地に、しゃりしゃりとしたグラスアローのアクセント。
シンプルなケーキも、ちょっとおめかしすれば特別なよそおいに

【材料】 縦18×横8.7×高さ6cmの型1台分

卵 … 2個
砂糖 … 100g
薄力粉 … 100g
食塩不使用バター … 100g
レモン汁 … 大さじ1
レモンの皮のすりおろし … ½個分

アプリコットジャム(裏ごししたもの) … 100g
レモンの皮、ピスタチオ(仕上げ用) … 各少々

グラスアロー(糖衣)
　粉糖 … 100g
　レモン汁 … 小さじ2
　水 … 小さじ2

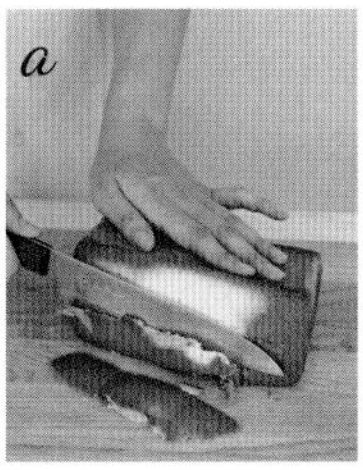

平らになるよう、膨らんだ部分をカットする

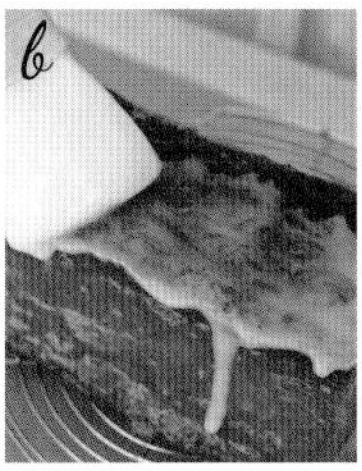

はけにたっぷりと含ませて、ざっくりとぬればOK

【下準備】

- 卵を常温に戻しておく
- バターは湯せんにかけて溶かし、使う直前まで保温しておく
- 薄力粉は2回ふるう(p8、9)
- 型の準備をする(p8)
- オーブンを170℃に予熱する(p5)

【作り方】 ジェノワーズ法(p18)

1 ボウルに卵を割り入れて砂糖を加え、60℃くらいの湯せんにかけながら、ハンドミキサーで泡立てる。卵液が体温より少し高い温度(38〜40℃)になったら湯せんからはずす。

2 泡立て器で持ち上げたときに、すぐに流れずにゆっくりと落ちてきて、生地が折り重なるくらいの固さになるまで、*1*をさらに泡立てる。

3 薄力粉を半量ふるい入れ、泡立て器でざっくりと混ぜる。粉が見えなくなったら、残りの薄力粉を加え、さらにゴムべらで全体をざっくりと混ぜ合わせる。粉が少し残っているくらいでOK。

4 溶かしバターを3回に分けて加え、その都度ゴムべらで底からかき混ぜる。レモン汁、レモンの皮のすりおろしを加えて混ぜる。

5 型に入れて平らにならす。型の底を軽く打ち付けて空気を抜く。

6 霧吹きで庫内に水を吹き、170℃のオーブンで35〜45分ほど焼く。

7 竹串を刺して生地がついてこない、または真ん中を押してみて弾力があれば焼き上がり。

8 20cmの高さから型ごと落とす。型からはずし、敷紙をつけたままケーキクーラーの上で冷ます。

9 粗熱がとれたら敷紙をはずし、ケーキ上部の膨らんだ部分を落とす(*a*)。
　* 斜めに切るとケーキが傾いてしまいます。まっすぐを意識しながら切ります。

10 アプリコットジャムは温めてやわらかくする。切った面を下にしてケーキを置き、はけでジャムを全体にぬり、さわっても手につかないくらいまで乾かす。

11 小鍋にグラスアローの材料を加えてよく混ぜ、少しさらっとするまで中火で加熱し、はけでケーキにぬる(*b*)。
　* 加熱しすぎるとゆるくなりすぎてしまうので、少しやわらかくなり、さらっとしたら火を止めます。

12 200℃のオーブンに1〜2分入れて表面を乾かす。まだ固まりきらないうちに、細長く切ったレモンの皮と刻んだピスタチオを上に飾る。

クラシックチョコレートケーキ

生クリームを使って、本格的でリッチな味わいに。
はちみつ入りだからしっとり。フルーツを入れるレシピもおすすめ

【材料】 縦18×横8.7×高さ6cmの型1台分

チョコレート(板チョコでも、製菓用のチョコレートでもお好みでOK)…100g
砂糖…50g
はちみつ…大さじ1
卵…2個
生クリーム…100mℓ
ブランデー…大さじ1
A 薄力粉…70g
ココア…20g
ベーキングパウダー…小さじ½

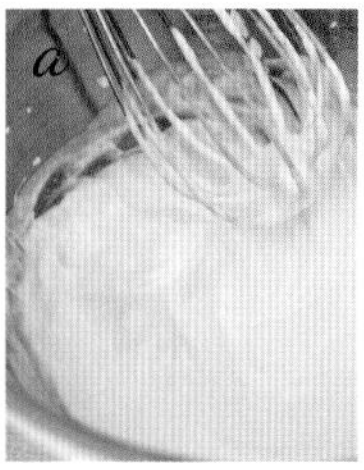

泡立て器の跡が、少し残るほどの固さに泡立てる

粉をまぶしたフルーツを、こし器に入れて粉を落とす

【下準備】

- 卵を常温に戻しておく
- Aを合わせて、2回ふるう(p8、23)
- 型の準備をする(p8、9)
- オーブンを170℃に予熱する(p5)

【作り方】 オールインミックス法(p20)

1 チョコレートは細かく刻んでボウルに入れ、湯せんにかけて溶かす。

2 砂糖、はちみつ、卵を順に加え、その都度泡立て器で混ぜ合わせる。

3 別のボウルに生クリームを入れ、少しとろっとするまで泡立てる(a)。

4 2に3とブランデーを加えて混ぜ、さらにAを2回に分けてふるい入れ、その都度混ぜ合わせる。

5 型に入れて平らにならす。型の底を軽く打ち付けて空気を抜く。

6 霧吹きで庫内に水を吹き、170℃のオーブンで40〜45分焼く。

7 竹串を刺して生地がついてこない、または真ん中を押してみて弾力があれば焼き上がり。

8 20cmの高さから型ごと落とす。型からはずし、敷紙をつけたままケーキクーラーの上で冷ます。

9 粗熱がとれたら敷紙をはずし、温かいうちにラップで包む。

Arrange 8
中にフルーツを入れてもおいしい。加える洋酒によって風味に変化も。

チョコレートケーキ×ドライクランベリー

- ドライクランベリー100gに薄力粉小さじ2をまぶして余分な粉をはらい(b)、最後に加える。
- ブランデーをキルシュに変更。

チョコレートケーキ×オレンジピール

- 細かく刻んだオレンジピール100gに薄力粉小さじ2をまぶして余分な粉をはらい(b)、最後に加える。
- ブランデーをコアントローに変更。

アップルケーキ　キャロットケーキ

材料を順に混ぜていくだけの手軽なケーキ。
スパイスのきいた生地に、オレンジ風味のチーズクリームをたっぷりのせて。

【材料】　縦18×横8.7×高さ6cmの型各1台分
Aアップルケーキ／Bキャロットケーキ

Aりんご　Bにんじん…120g(正味)
レモン汁…大さじ2
卵…1個
Aメープルシュガー　Bブラウンシュガー…80g
植物油…80㎖

A
- 薄力粉…120g
- ベーキングパウダー…小さじ½
- シナモン…小さじ½〜1
- カルダモン…小さじ½〜1

B
- レーズン(粗く刻む)…30g
- くるみ(ローストしたもの・細かく刻む)…20g

Aココナッツ　Bくるみ(ローストしたもの・お好みで)…各適宜

チーズクリーム(1台分)
- クリームチーズ…100g
- Aメープルシュガー Bブラウンシュガー…30g
- オレンジの搾り汁…大さじ1
- オレンジの皮のすりおろし…⅓個
- コアントロー…小さじ½(風味づけなのでなくても可)

焼き込んでしまうので、大きさはきっちりとそろっていなくてもOK

【下準備】
- 卵を常温に戻しておく
- *A*を合わせて、2回ふるう(p8、23)
- 型の準備をする(p8、9)
- オーブンを170℃に予熱する(p5)

【作り方】　オールインミックス法(p20)

1. アップルケーキはりんごを厚さ5mmのイチョウ形に切り(*a*)、キャロットケーキはにんじんをすりおろし、それぞれレモン汁と合わせておく。
2. 別のボウルに卵を割り入れて、メープルシュガーかブラウンシュガー、植物油を順に加え、その都度泡立て器で混ぜ合わせ、*1*を加えてさらに混ぜる。
3. *A*を2回に分けてふるい入れ、その都度混ぜ合わせる。最後に*B*を加えて全体を混ぜ合わせる。
4. 型に入れて平らにならす。型の底を軽く打ち付けて空気を抜く。
5. 霧吹きで庫内に水を吹き、170℃のオーブンで40〜45分焼く。
6. 竹串を刺して生地がついてこない、または真ん中を押してみて弾力があれば焼き上がり。
7. 20cmの高さから型ごと落とす。型からはずし、敷紙をつけたままケーキクーラーの上で冷ます。
8. 粗熱がとれたら敷紙をはずし、温かいうちにラップで包む。
9. チーズクリームを作る。室温に戻したクリームチーズをなめらかになるまでゴムべらで練り、メープルシュガーかブラウンシュガー、オレンジの搾り汁、オレンジの皮のすりおろし、コアントローを順に加えて泡立て器で混ぜ合わせる。
10. ケーキにかけ、お好みでココナッツか、くるみを散らす。

Art. N°. 239
Neapolitaner-Sch

チョコチップのコーヒーケーキ

ほろ苦いコーヒー生地にチョコレートをたくさんちりばめました。
香りづけのシナモンがほどよいアクセント

【材料】 縦18×横8.7×高さ6cmの型1台分

砂糖 … 100g
塩 … ひとつまみ
A 薄力粉 … 100g
ベーキングパウダー … 小さじ½
シナモン … 少々(香りづけなのでなくても可)
食塩不使用バター … 100g
卵 … 2個
インスタントコーヒー … 大さじ1〜2
湯 … 小さじ2
板チョコ … 1枚(約50〜60g)

チョコチップより少し大きいくらいにカットする

【下準備】

- バターは室温においてやわらかくしておく(p8)
- 卵を常温に戻しておく
- *A*を合わせて、2回ふるう(p8、23)
- 型の準備をする(p8、9)
- オーブンを170℃に予熱する(p5)

【作り方】 オールインミックス法(p20)

1 ボウルに砂糖、塩、*A*を入れ、泡立て器でぐるぐると混ぜる。
*ダマがなくなり、サラサラとしたらOK。

2 バター、卵、湯で溶いたコーヒーを加え、なじんでなめらかになるまで、さらに混ぜ合わせる。

3 板チョコは5mm角程度に刻み(*a*)、2に加えて混ぜる。
*チョコレートは大きすぎないほうが、ケーキの食感と合います。

4 型に入れて平らにならす。型の底を軽く打ち付けて空気を抜く。

5 霧吹きで庫内に水を吹き、170℃のオーブンで40〜50分ほど焼く。

6 竹串を刺して生地がついてこない、または真ん中を押してみて弾力があれば焼き上がり。

7 20cmの高さから型ごと落とす。型からはずし、敷紙をつけたままケーキクーラーの上で冷ます。

8 粗熱がとれたら敷紙をはずし、温かいうちにラップで包む。

ピスタチオと
ラズベリーのケーキ

グリーンの生地に、鮮やかな赤の色合いが美しいケーキ。
香ばしいピスタチオと甘酸っぱいラズベリーがよく合います

【材料】 縦18×横8.7×高さ6cmの型1台分

ピスタチオペースト* … 50g
砂糖 … 100g
食塩不使用バター … 100g
卵 … 2個
A｜薄力粉 … 100g
　｜ベーキングパウダー … 小さじ½
フリーズドライフランボワーズ(フレークタイプ)*
… 10g

*ピスタチオペースト

ピスタチオをペースト状にしたもので、風味が豊か。密閉して冷蔵庫で保管すること。

*フリーズドライフランボワーズ

フランボワーズを低温で脱水、乾燥させたもの。フランボワーズの色や甘酸っぱさが楽しめる。ホール、フレーク、パウダーと種類があるので、用途によって使い分ける。

ピスタチオペーストは混ざりにくいので、砂糖と合わせて混ぜるといい

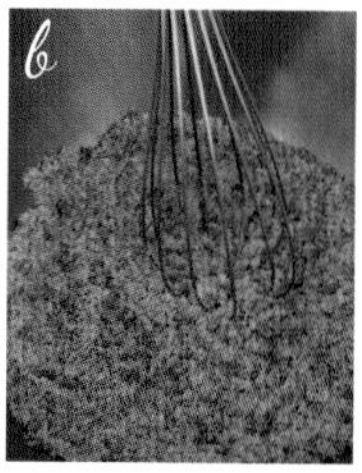

ピスタチオペーストが細かくなり、砂糖と混ざったらOK

【下準備】

- バターは室温においてやわらかくしておく(p8)
- 卵を人肌くらいに温めておく(p14)
- Aを合わせて、2回ふるう(p8、23)
- 型の準備をする(p8、9)
- オーブンを170℃に予熱する(p5)

【作り方】 シュガー＆バター共立て法(p14)

1. ボウルにピスタチオペーストと砂糖を入れてよく混ぜ合わせ(a)、さらさらとした状態にする(b)。
2. 別のボウルにバターを入れて、ふんわりするまで泡立て、1を加えてよく混ぜ合わせる。
3. 卵を大さじ1加え、一体感が出るまでよく混ぜる。混ざってからもさらによく泡立て、最後にゴムべらでボウルのまわりについた生地を集めて、再度全体を混ぜ合わせる。
4. 卵を全て入れるまで3を繰り返す。
5. Aを半量ふるい入れ、ゴムべらでさっくりと混ぜる。粉が見えなくなったら残りのAを加え、生地が均一になりつやが出るまで、さらに全体をよく混ぜ合わせる。フリーズドライフランボワーズを加えて、さらに混ぜる。
6. 型に入れて平らにならし、底を軽く打ち付けて空気を抜く。
7. 霧吹きで庫内に水を吹き、170℃のオーブンで40〜50分ほど焼く。
8. 竹串を刺して生地がついてこない、または真ん中を押してみて弾力があれば焼き上がり。
9. 20cmの高さから型ごと落とす。型からはずし、敷紙をつけたままケーキクーラーの上で冷ます。
10. 粗熱がとれたら敷紙をはずし、温かいうちにラップで包む。

洋梨のアーモンドケーキ
チェリーのアーモンドケーキ

しっとりと香ばしいアーモンド風味の生地に、
相性のよい甘酸っぱい洋梨とチェリーを合わせました

【材料】 縦18×横8.7×高さ6cmの型各1台分

食塩不使用バター … 100g
砂糖A … 50g
卵黄 … 2個分
ラム酒 … 大さじ1
卵白 … 2個分
砂糖B … 50g
A | 薄力粉 … 80g
　| アーモンドプードル … 20g
洋梨もしくはダークチェリー(缶詰) … 100g
アーモンドスライス … 30g

【下準備】

- バターは室温においてやわらかくしておく(p8)
- 卵は事前に冷蔵庫で冷やしておき、作業の直前に卵黄と卵白に分けて、卵白は使う直前までボウルごと冷やしておく(p16)
- Aを合わせて、2回ふるう(p8、23)
- 洋梨・ダークチェリーは小さめに切り、ペーパータオルにのせて水気を十分に切る
- 型の準備をする(p8、9)
- オーブンを170℃に予熱する(p5)

Arrange 8 マンゴー、アプリコット、オレンジ、みかん、パイナップルなど、他のフルーツでも代用可。コンポートや缶詰ならば何でもOK。沈まないよう小さく切り、しっかりと水気を拭き取ってから入れること。

【作り方】 シュガー＆バター別立て法(p16)

1 ボウルにバターを入れ、へらでよくかき混ぜてクリーム状にする。少し白っぽくなるまで、ハンドミキサーで泡立てる。

2 砂糖Aを加え、白っぽくふわっとなるまでしっかり泡立てる。卵黄を1個分ずつ加えて、その都度よく混ぜ合わせる。ラム酒を加えて、さらに混ぜる。

3 冷やしておいた卵白を泡立てる。少し角が立つくらいになったら、砂糖Bの⅓量を加えてさらによく泡立て、残りの砂糖Bを2回に分けて加え、しっかりしたメレンゲを作る。

4 2に3を⅓量入れて、ゴムべらでなじむまでよく混ぜる。

5 Aを半量ふるい入れ、ゴムべらでさっくりと混ぜる。粉が見えなくなったら3の⅓量を加え、全体をよく混ぜ合わせる。

6 残りのAを加え、全体を混ぜ合わせる。最後に残りのメレンゲを加え、生地が均一でなめらかになりつやが出るまで、全体をよく混ぜ合わせる。

7 型に生地の⅓量を入れ、フルーツの半量を散らす。生地の⅓を入れ、残りのフルーツを散らし、最後に残りの生地を入れて平らにならす。型の底を軽く打ち付けて空気を抜く。表面にアーモンドスライスを散らす。

8 霧吹きで庫内に水を吹き、170℃のオーブンで40〜50分ほど焼く。

9 竹串を刺して生地がついてこない、または真ん中を押してみて弾力があれば焼き上がり。

10 20cmの高さから型ごと落とす。型からはずし、敷紙をつけたままケーキクーラーの上で冷ます。

11 粗熱がとれたら敷紙をはずし、温かいうちにラップで包む。

Les
Bonbons
extrait naturel du Fruit
PRODUCT OF FRANCE

チャイのケーキ

スパイスとしょうがを入れた紅茶のケーキ。
風味と香りのアクセントがきいて、冬に食べたい味わいです

【材料】 縦18×横8.7×高さ6cmの型1台分

食塩不使用バター … 100g
砂糖 … 100g
卵 … 2個
しょうがのすりおろし … 小さじ1
紅茶※ … 5g(大きければ細かく刻む)

A
- 薄力粉 … 100g
- ベーキングパウダー … 小さじ½
- シナモン＊ … 小さじ½
- カルダモン＊ … 小さじ½
- クローブ＊ … 小さじ⅓

※紅茶はティーバッグのものを使うと細かくなっていて便利です。

＊シナモン

クスノキ科の常緑樹の樹皮を粉末状にしたもので、清涼感を伴う甘い香りが特徴。

＊カルダモン

ショウガ科の植物の種子で、すがすがしくさわやかな香りと少し辛くほろ苦い味が特徴。

＊クローブ

花の蕾を粉末状にしたもので、刺激的でさわやかなバニラのような香りが特徴。

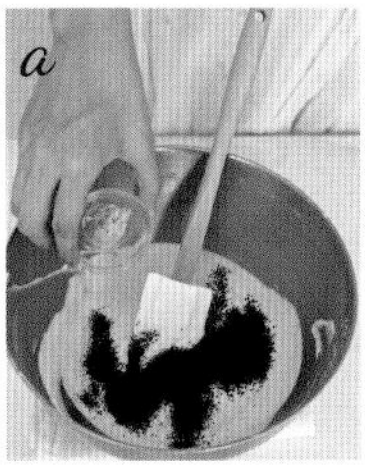

a 生地全体に茶葉を振り入れ、しょうがのすりおろしを加える

【下準備】

- バターは室温においてやわらかくしておく(p8)
- 卵は人肌くらいに温めておく(p14)
- Aを合わせて、2回ふるう(p8、23)
- 型の準備をする(p8、9)
- オーブンを170℃に予熱する(p5)

【作り方】 シュガー＆バター共立て法(p14)

1 ボウルにバターを入れ、へらでよくかき混ぜてクリーム状にする。少し白っぽくなるまで、ハンドミキサーで泡立てる。

2 砂糖を半量加えて、なじむまで泡立てる。残りの砂糖を加え、さらに白っぽくふわっとなるまでしっかりと泡立てる。

3 卵を大さじ1加え、一体感が出るまでよく混ぜる。混ざってからもさらによく泡立て、最後にゴムべらでボウルのまわりについた生地を集めて、再度全体を混ぜ合わせる。

4 卵を全て入れるまで3を繰り返す。しょうがのすりおろしと紅茶を加え(a)、混ぜ合わせる。

5 Aを半量ふるい入れ、ゴムべらでさっくりと混ぜる。粉が見えなくなったら残りのAを加え、生地が均一になりつやが出るまで、さらに全体をよく混ぜ合わせる。

6 型に入れて平らにならす。型の底をとんとんと軽く打ち付けて空気を抜く。

7 霧吹きで庫内に水を吹き、170℃のオーブンで40〜50分ほど焼く。

8 竹串を刺して生地がついてこない、または真ん中を押してみて弾力があれば焼き上がり。

9 20cmの高さから型ごと落とす。型からはずし、敷紙をつけたままケーキクーラーの上で冷ます。

10 粗熱がとれたら敷紙をはずし、温かいうちにラップで包む。

抹茶のケーキ
ごまのケーキ
きなこのケーキ

シックな色合いが美しい、和のケーキ３種。
材料を少し変えるだけで、バリエーションが広がります

【材料】 縦18×横8.7×高さ6cmの型各1台分

<抹茶>
食塩不使用バター…100g
砂糖…100g
卵…2個
A
薄力粉…70g
ベーキングパウダー…小さじ½
抹茶…20g
甘納豆…100g

<ごま>
食塩不使用バター…60g
練りごま(黒)…60g
砂糖…100g
卵…2個
A
薄力粉…100g
ベーキングパウダー…小さじ½
ごま…15g

<きなこ>
食塩不使用バター…100g
砂糖…100g
卵…2個
A
薄力粉…70g
ベーキングパウダー…小さじ½
きなこ…30g
塩…小さじ¼

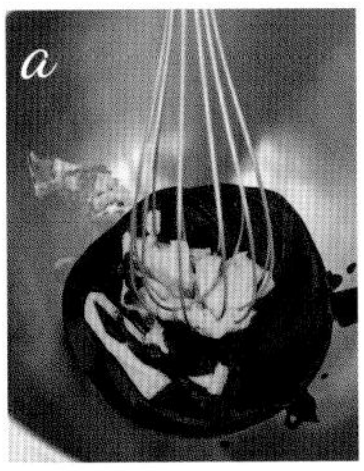

バターをきちんとやわらかくしてから、混ぜ合わせること

【下準備】

- バターは室温においてやわらかくしておく(p8)
  ＊<ごま>バターと練りごまと合わせてよく混ぜておく(*a*)
- 卵は人肌くらいに温めておく(p14)
- *A*を合わせて、2回ふるう(p8、23)
- 型の準備をする(p8、9)
- オーブンを170℃に予熱する(p5)

【作り方】 シュガー＆バター共立て法(p14)

1 ボウルにバターを入れ、へらでよくかき混ぜてクリーム状にする。少し白っぽくなるまで、ハンドミキサーで泡立てる。

2 砂糖を半量加えて、なじむまで泡立てる。残りの砂糖を加え、さらに白っぽくふわっとなるまでしっかりと泡立てる。

3 卵を大さじ1加え、一体感が出るまでよく混ぜる。混ざってからもさらによく泡立て、最後にゴムべらでボウルのまわりについた生地を集めて、再度全体を混ぜ合わせる。

4 卵を全て入れるまで*3*を繰り返す。

5 *A*を半量ふるい入れ、ゴムべらでさっくりと混ぜる。粉が見えなくなったら残りの*A*を加え、生地が均一になりつやが出るまで、さらに全体をよく混ぜ合わせる。

6 型に入れて平らにならす。型の底をとんとんと軽く打ち付けて空気を抜く。
＊<抹茶>生地の⅓量→甘納豆の半量→生地の⅓量→甘納豆の半量→生地の⅓量の順に入れる(p41)
＊<ごま>表面にごまを散らす。

7 霧吹きで庫内に水を吹き、170℃のオーブンで40〜50分ほど焼く。

8 竹串を刺して生地がついてこない、または真ん中を押してみて弾力があれば焼き上がり。

9 20cmの高さから型ごと落とす。型からはずし、敷紙をつけたままケーキクーラーの上で冷ます。

10 粗熱がとれたら敷紙をはずし、温かいうちにラップで包む。

レモンケーキ　オレンジケーキ

オレンジとレモンのコンフィをのせて、華やかに。
柑橘のさわやかな風味とはちみつ入りのしっとり生地がおいしい

【材料】　縦18×横8.7×高さ6cmの型各1台分

卵 … 2個
砂糖 … 80g
はちみつ … 大さじ1
薄力粉 … 100g
食塩不使用バター … 100g

柑橘のコンフィ

オレンジ もしくは レモン … 1個
砂糖 … 50g（お好みで半量まではちみつに変えても可）
果汁＋水 … 150mℓ（オレンジもしくはレモン1個の果汁をそれぞれ搾り、水を足して150mℓにする）
コアントロー … 大さじ1

*柑橘のコンフィの作り方

オレンジもしくはレモンはよく洗い、厚さ5mmにスライスする。砂糖、果汁＋水と一緒に鍋に入れて火にかけ、ペーパータオルで落としぶたをして、15分ほど弱火で煮る。コアントローを加えてさっと火を通し、冷ましておく。

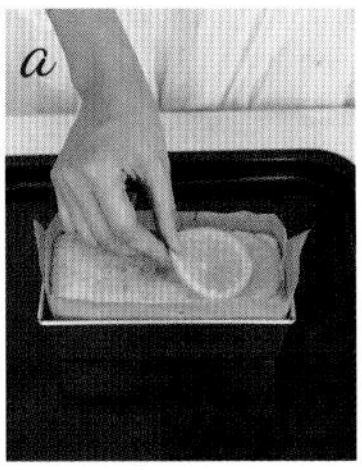

a

コンフィは少しずつずらしながら、重ねるようにのせる

【下準備】

- バターは湯せんにかけて溶かし、使う直前まで保温しておく
- 薄力粉は2回ふるう（p8）
- 柑橘のコンフィを作り、上にのせる分（6〜7枚）以外を細かく刻む
- 型の準備をする（p8、9）
- オーブンを170℃に予熱する（p5）

【作り方】　ジェノワーズ法（p18）

1 ボウルに卵を割り入れて砂糖とはちみつを加え、60℃くらいの湯せんにかけながら、ハンドミキサーで泡立てる。卵液が体温より少し高い温度（38〜40℃）になったら湯せんからはずす。

2 泡立て器で持ち上げたときに、すぐに流れずにゆっくりと落ちてきて、生地が折り重なるくらいの固さになるまで、*1*をさらに泡立てる。

3 薄力粉を半量ふるい入れ、泡立て器でざっくりと混ぜる。粉が見えなくなったら、残りの薄力粉を加え、さらにゴムべらで全体をざっくりと混ぜ合わせる。粉が少し残っているくらいでOK。細かく刻んだコンフィを加え、さらに混ぜる。

4 溶かしバターを3回に分けて加え、その都度ゴムべらで底からかき混ぜる。

5 型に入れて平らにならす。型の底をとんとんと軽く打ち付けて空気を抜く。

6 霧吹きで庫内に水を吹き、170℃のオーブンで35〜45分ほど焼く。途中、15分たったら、コンフィをのせる（*a*）。
*コンフィは少しシロップがついているくらいでOK。水気がないと焼き上がりが乾燥してしまいます。

7 竹串を刺して生地がついてこない、または真ん中を押してみて弾力があれば焼き上がり。

8 20cmの高さから型ごと落とす。コンフィのシロップを大さじ1ほどに煮詰め、ケーキが熱いうちにはけでぬる。型からはずし、敷紙をつけたままケーキクーラーの上で冷ます。

9 粗熱がとれたら敷紙をはずし、温かいうちにラップで包む。

バナナブレッド

パウンドケーキの定番、バナナブレッドは人気の味。
強力粉を使うことで、どっしりとした味わいが楽しめます

【材料】 縦18×横8.7×高さ6cmの型1台分

食塩不使用バター … 100g
砂糖 … 80g
卵 … 1個

A
- 薄力粉 … 50g
- 強力粉* … 50g
- ベーキングパウダー … 小さじ½
- シナモン … 少々
- 塩 … 少々

バナナ(完熟) … 120g(約1本)
くるみ … 50g

* 強力粉を使わず、薄力粉100gでも可。そのほうが軽い仕上がりになります。

【下準備】

- バターは室温においてやわらかくしておく(p8)
- 卵を人肌くらいに温めておく(p14)
- *A*を合わせて、2回ふるう(p8、23)
- バナナはボウルに入れ、泡立て器で細かくつぶす(*a*)
- 型の準備をする(p8、9)
- オーブンを170℃に予熱する(p5)

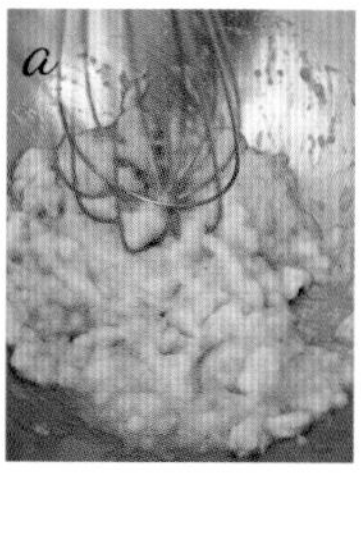

バナナは若干果肉が残っている程度で、ほぼペースト状にする

【作り方】 シュガー＆バター共立て法(p14)

1. ボウルにバターを入れ、へらでよくかき混ぜてクリーム状にする。少し白っぽくなるまで、ハンドミキサーで泡立てる。
2. 砂糖を半量加えて、なじむまで泡立てる。残りの砂糖を加え、さらに白っぽくふわっとなるまでしっかり泡立てる。
3. 卵を大さじ1加え、一体感が出るまでよく混ぜる。混ざってからもさらによく泡立て、最後にゴムべらでボウルのまわりについた生地を集めて、再度全体を混ぜ合わせる。
4. 卵を全て入れるまで*3*を繰り返す。
5. *A*を半量ふるい入れ、ゴムべらでさっくりと混ぜる。粉が見えなくなったらバナナを半量加えて混ぜる。残りの*A*を加え、生地が均一になりつやが出るまで、さらに全体をよく混ぜ合わせる。残りのバナナを加え、さらに混ぜる。
   *バナナ全量を先に入れると分離しやすいので、粉類と交互に混ぜ合わせます。
6. 型に入れて平らにならす。型の底を軽く打ち付けて空気を抜く。表面にくるみを散らす。
7. 霧吹きで庫内に水を吹き、170℃のオーブンで40〜50分ほど焼く。
8. 竹串を刺して生地がついてこない、または真ん中を押してみて弾力があれば焼き上がり。
9. 20cmの高さから型ごと落とす。型からはずし、敷紙をつけたままケーキクーラーの上で冷ます。
10. 粗熱がとれたら敷紙をはずし、温かいうちにラップで包む。

バナナピーナッツケーキ

ピーナッツ×バナナでコクを出し、サクサクのクランブルで食感をプラスしました

【材料】 縦18×横8.7×高さ6cmの型1台分

ピーナッツバター(加糖)* … 100g
植物油 … 大さじ3
ブラウンシュガー … 50〜70g*
卵 … 1個
バナナ(完熟) … 120g(約1本)

A
- 薄力粉 … 100g
- ベーキングパウダー … 小さじ½

*ピーナッツバターは「SKIPPY」を使用。甘さ控えめのタイプなので、ブラウンシュガーは70g入れています。

クランブル
- 薄力粉 … 大さじ3
- ブラウンシュガー … 大さじ1½
- 塩 … ふたつまみ
- 植物油 … 大さじ1

手のひらをこすり合わせるようにして、ポロポロとした生地を作る

【下準備】

- Aを合わせて、2回ふるう(p8、23)
- 型の準備をする(p8、9)
- オーブンを170℃に予熱する(p5)

【作り方】 オールインミックス法(p20)

1 クランブルの材料をボウルに入れ、手ですり合わせてそぼろ状にする(a)。冷凍庫で冷やしておく。

2 ピーナッツバター、植物油、ブラウンシュガー、卵を順に加え、その都度泡立て器で混ぜ合わせる。

3 バナナは手でちぎって2に加え、泡立て器でつぶしながら混ぜる。

4 Aをふるい入れ、ゴムべらでなめらかになるまでさっくりと混ぜる。

5 型に入れて平らにならす。型の底を軽く打ち付けて空気を抜く。表面にクランブルを散らす。

6 霧吹きで庫内に水を吹き、170℃のオーブンで40〜50分ほど焼く。

7 竹串を刺して生地がついてこない、または真ん中を押してみて弾力があれば焼き上がり。

8 20cmの高さから型ごと落とす。型からはずし、敷紙をつけたままケーキクーラーの上で冷ます。

9 粗熱がとれたら敷紙をはずし、温かいうちにラップで包む。

アップルキャラメルケーキ

しっとりしたやさしい味わいの生地に、
甘酸っぱいりんごと香ばしいキャラメルの風味がよく合います

【材料】 縦18×横8.7×高さ6cmの型1台分

砂糖 … 90g
A | 薄力粉 … 100g*
A | ベーキングパウダー … 小さじ½
食塩不使用バター … 100g
卵 … 2個
ラム酒 … 大さじ1
※薄力粉80g+全粒粉20gでも可

キャラメルアップル
| りんご … 120g(正味)
| 食塩不使用バター … 15g
| 砂糖 … 大さじ3
| ラム酒 … 大さじ1
| シナモン … 小さじ½

*キャラメルアップルの作り方

りんごは皮と芯を取り除き、厚さ1cmのイチョウ切りにする。熱したフライパンにバターを溶かし、りんごと砂糖を入れて中火で炒める。りんごがしんなりとしてキャラメル色になったら(a)、ラム酒とシナモンを加えて30秒ほど火を通し、冷ます。

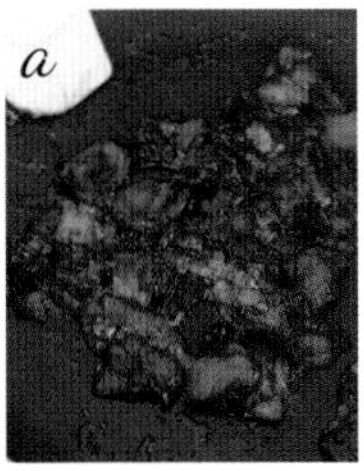

りんごの水分が抜けてしんなりとし、焦げ色がついたらOK

【下準備】

- バターは室温においてやわらかくしておく(p8)
- 卵を常温に戻しておく
- Aを合わせて、2回ふるう(p8、23)
- 型の準備をする(p8、9)
- オーブンを170℃に予熱する(p5)

【作り方】 オールインミックス法(p20)

1 ボウルに砂糖とAを入れ、泡立て器でぐるぐると混ぜる。

2 バターと卵を加え、なじんでなめらかになるまで、さらに混ぜ合わせる。ラム酒、キャラメルアップルを加えて混ぜる。

3 型に入れて平らにならす。型の底をとんとんと軽く打ち付けて空気を抜く。

4 霧吹きで庫内に水を吹き、170℃のオーブンで40〜50分ほど焼く。

5 竹串を刺して生地がついてこない、または真ん中を押してみて弾力があれば焼き上がり。

6 20cmの高さから型ごと落とす。型からはずし、敷紙をつけたままケーキクーラーの上で冷ます。

7 粗熱がとれたら敷紙をはずし、温かいうちにラップで包む。

いちごミルクケーキ

やさしい甘さのミルキーな生地に、
甘酸っぱいいちごを合わせたキュートなケーキ

【材料】　縦18×横8.7×高さ6cmの型1台分

食塩不使用バター …100g
砂糖A … 30g
練乳 … 50g
卵黄 … 2個分
卵白 … 2個分
砂糖B … 40g
薄力粉 … 100g
フリーズドライストロベリー（フレークタイプ）*
… 10g

*フリーズドライストロベリー

いちごを低温で脱水、乾燥させたもの。鮮やかな色や甘酸っぱさも楽しめる。ホール、フレーク、パウダーと種類があるので、用途によって使い分ける。湿気やすいので開封したら早めに使い切ること。

【下準備】

- バターは室温においてやわらかくしておく（p8）
- 卵は事前に冷蔵庫で冷やしておき、作業の直前に卵黄と卵白に分けて、卵白は使う食前までボウルごと冷やしておく（p16）
- 薄力粉は2回ふるう（p8）
- 型の準備をする（p8、9）
- オーブンを170℃に予熱する（p5）

【作り方】　シュガー＆バター別立て法（p16）

1 ボウルにバターを入れ、へらでよくかき混ぜてクリーム状にする。少し白っぽくなるまで、ハンドミキサーで泡立てる。

2 砂糖Aを加え、白っぽくふわっとなるまでしっかり泡立てる。練乳を加え、さらに混ぜる。

3 卵黄を1個分ずつ加えて、その都度よく混ぜ合わせる。

4 冷やしておいた卵白を泡立てる。少し角が立つくらいになったら、砂糖Bの⅓量を加えてさらによく泡立て、残りの砂糖を2回に分けて加える。しっかりとしたメレンゲを作る。

5 3に4を⅓量入れて、ゴムべらでなじむまでよく混ぜる。

6 薄力粉を半量ふるい入れ、ゴムべらでさっくりと混ぜる。粉が見えなくなったら、4の⅓量を加え、全体をよく混ぜ合わせる。

7 残りの薄力粉を加え、全体を混ぜ合わせる。最後に残りのメレンゲを加え、生地が均一でなめらかになりつやが出るまで、全体をよく混ぜ合わせる。フリーズドライストロベリーを加え、さらに混ぜる。

8 型に入れて平らにならす。型の底を軽く打ち付けて空気を抜く。

9 霧吹きで庫内に水を吹き、170℃のオーブンで40～50分ほど焼く。

10 竹串を刺して生地がついてこない、または真ん中を押してみて弾力があれば焼き上がり。

11 20cmの高さから型ごと落とす。型からはずし、敷紙をつけたままケーキクーラーの上で冷ます。

12 粗熱がとれたら敷紙をはずし、温かいうちにラップで包む。

マンゴーとココナッツのケーキ

マンゴーとココナッツミルクでトロピカルに。
濃厚な甘さのドライマンゴーと、香ばしいココナッツは相性抜群

【材料】 縦18×横8.7×高さ6cmの型各1台分

食塩不使用バター … 100g
砂糖A … 50g
卵黄 … 2個分
ラム酒 … 大さじ1
卵白 … 2個分
砂糖B … 50g
A ｜ 薄力粉 … 80g
　 ｜ ココナッツミルクパウダー … 20g
ドライマンゴー … 100g
薄力粉 … 小さじ2
ココナッツロング … 20g

【下準備】

- バターは室温においてやわらかくしておく(p8)
- 卵は事前に冷蔵庫で冷やしておき、作業の直前に卵黄と卵白に分けて、卵白は使う直前までボウルごと冷やしておく(p16)
- Aを合わせて、2回ふるう(p8、23)
- 型の準備をする(p8、9)
- オーブンを170℃に予熱する(p5)

【作り方】 シュガー＆バター別立て法(p16)

1. ボウルにバターを入れ、へらでよくかき混ぜてクリーム状にする。少し白っぽくなるまで、ハンドミキサーで泡立てる。
2. 砂糖Aを加え、白っぽくふわっとなるまでしっかり泡立てる。
3. 卵黄を1つずつ加えて、その都度よく混ぜ合わせる。ラム酒を加え、さらに混ぜる。
4. 冷やしておいた卵白を泡立てる。少し角が立つくらいになったら、砂糖Bの⅓量を加えてさらによく泡立て、残りの砂糖Bを2回に分けて加える。しっかりとしたメレンゲを作る。
5. *3*に*4*を⅓量入れて、ゴムべらでなじむまでよく混ぜる。
6. *A*を半量ふるい入れ、ゴムべらでさっくりと混ぜる。粉が見えなくなったら、*4*の⅓量を加え、全体をよく混ぜ合わせる。
7. 残りの*A*を加え、全体を混ぜ合わせる。最後に残りのメレンゲを加え、生地が均一でなめらかになりつやが出るまで、全体をよく混ぜ合わせる。
8. ドライマンゴーを刻み、薄力粉をまぶして余分な粉をはらい、*7*に加えて混ぜる。
9. 型に入れて平らにならす。型の底を軽く打ち付けて空気を抜く。表面にココナッツロングを散らす。
10. 霧吹きで庫内に水を吹き、170℃のオーブンで40〜50分ほど焼く。
11. 竹串を刺して生地がついてこない、または真ん中を押してみて弾力があれば焼き上がり。
12. 20cmの高さから型ごと落とす。型からはずし、敷紙をつけたままケーキクーラーの上で冷ます。
13. 粗熱がとれたら敷紙をはずし、温かいうちにラップで包む。

マーブルケーキ

2色のケーキ

マーブルケーキ

基本のケーキをマスターすれば、マーブルケーキだって簡単。
“混ぜすぎない”を徹底することがポイントです

【材料】　縦18×横8.7×高さ6cmの型各1台分

砂糖 … 100g
A　薄力粉 … 100g
　　ベーキングパウダー … 小さじ½
食塩不使用バター … 100g
卵 … 2個

<チョコレート>
チョコレート … 50g

<抹茶>
抹茶 … 大さじ1
湯 … 大さじ2

<キャラメル>
キャラメルクリーム(p66) … 100g

<ブルーベリー>
ブルーベリージャム … 100g

混ぜ込む生地は大きく離して4カ所に置き、くっつかないように

型に入れるときも生地が動くので、混ざり合ってしまう

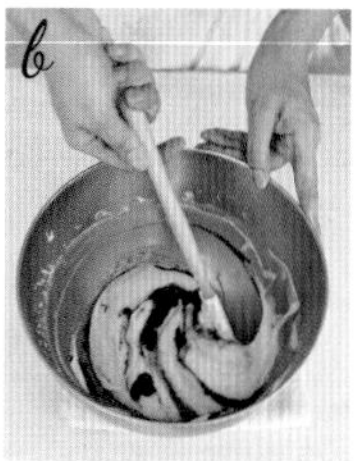

混ぜ足りないかな？　と思うくらいで止めるのがコツ

【下準備】

- バターは室温においてやわらかくしておく(p8)
- Aを合わせて、2回ふるう(p8、23)
- 型の準備をする(p8、9)
- オーブンを170℃に予熱する(p5)

【作り方】　オールインミックス法(p20)

1　プレーンな生地を作る(p20)。

2　チョコレート、抹茶、キャラメルは取り分けた生地に色をつけ、元の生地に4カ所に分けて入れる。ブルーベリーはジャムを生地に4カ所に分けて入れる(a)。

<チョコレート>チョコレートを湯せんで溶かし、生地の¼を加えて混ぜる
<抹茶>抹茶を湯で溶き、生地の¼を加えて混ぜる
<キャラメル>キャラメルクリームに、生地の⅕を加えて混ぜる
<ブルーベリー>ブルーベリージャムをゴムべらで混ぜ、なめらかにする

3　底から2〜3回ほど大きくかき混ぜ(b)、型に入れて平らにならす。型の底をとんとんと軽く打ち付けて空気を抜く。

＊型に流し入れるときも混ざるので(c)、それも想定して混ぜすぎないことが、きれいなマーブルになるコツです。

4　霧吹きで庫内に水を吹き、170℃のオーブンで40〜50分ほど焼く。

5　竹串を刺して生地がついてこない、または真ん中を押してみて弾力があれば焼き上がり。

6　20cmの高さから型ごと落とす。型からはずし、敷紙をつけたままケーキクーラーの上で冷ます。

7　粗熱がとれたら敷紙をはずし、温かいうちにラップで包む。

＊オールインミックス法が作りやすくおすすめですが、ほかの作り方でも可。ただ、ジェノワーズ法(p18)は生地がやわらかく、すぐに混ざり合ってしまうので、混ぜすぎないことを最も意識してください。

2色のケーキ

一度に2つの味が楽しめて、コントラストがきれいなケーキ。
まっすぐにならなくても、それぞれ表情が違ってかわいい

【材料】 縦18×横8.7×高さ6cmの型各1台分
(2種使うため、計2台分)

＜抹茶＞
食塩不使用バター … 100g
砂糖 … 100g
卵 … 2個
A
- 薄力粉 … 70g
- ベーキングパウダー … 小さじ½
- 抹茶 … 20g

＜ごま＞
食塩不使用バター … 60g
練りごま(黒) … 60g
砂糖 … 100g
卵 … 2個
A
- 薄力粉 … 100g
- ベーキングパウダー … 小さじ½

＜きなこ＞
食塩不使用バター … 100g
砂糖 … 100g
卵 … 2個
A
- 薄力粉 … 70g
- ベーキングパウダー … 小さじ½
- きなこ … 30g
- 塩 … 小さじ¼

＜紫芋＞
食塩不使用バター … 100g
砂糖 … 100g
卵 … 2個
A
- 薄力粉 … 50g
- ベーキングパウダー … 小さじ½
- 紫芋パウダー* … 50g

*紫芋パウダー

紫芋を焼いて粉末状にしたもの。
鮮やかな色とほのかな甘みが特徴。
製菓材料店や大手スーパーなどで
購入可。

【下準備】
- バターは室温においてやわらかくしておく(p8)
  *＜ごま＞バターと練りごまを合わせて、よく混ぜておく
- 卵は人肌くらいに温めておく(p14)
- Aを合わせて、2回ふるう(p8、23)
- 型の準備をする(p8、9)
- オーブンを170℃に予熱する(p5)

【作り方】 シュガー&バター共立て法(p14)

1 好きな生地を2種作る。抹茶、ごま、きなこはp44参照。紫芋はp14参照。

2 半分量を型に入れて平らにならし、他の生地を半量入れる(a)。
*絞り袋で生地を入れると境目がきれいに出ます。
*お好みで間に甘納豆や黒豆を入れるのもおすすめです。

3 型に入れて平らにならす。型の底をとんとんと軽く打ち付けて空気を抜く。

4 霧吹きで庫内に水を吹き、170℃のオーブンで40〜50分ほど焼く。

5 竹串を刺して生地がついてこない、または真ん中を押してみて弾力があれば焼き上がり。

6 20cmの高さから型ごと落とす。型からはずし、敷紙をつけたままケーキクーラーの上で冷ます。

7 粗熱がとれたら敷紙をはずし、温かいうちにラップで包む。
*一度に2つ焼けない場合は、残った生地は室温においておきましょう。
*シュガー&バター共立て法で紹介していますが、オールインミックス法(p20)でも可。シュガー&バター別立て法はメレンゲがつぶれてしまい、ジェノワーズ法は生地がやわらかく2色に分かれないため作れません。

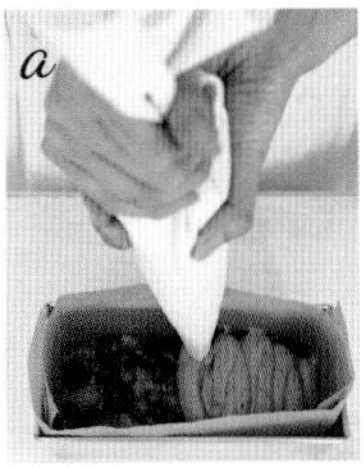

生地を線状に絞り出し、
隙間なく埋める

彩り野菜のケーク・サレ

塩味のケーキは、野菜たっぷりで見た目も美しく。
切った断面図を想像しながら具を並べるのがポイント

【材料】 縦18×横8.7×高さ6cmの型1台分

卵 … 1個
牛乳 … 70mℓ
植物油 … 60mℓ
パルメザンチーズ … 50g
砂糖 … 小さじ1
塩 … 小さじ½
A
薄力粉 … 100g
ベーキングパウダー … 小さじ½
パプリカ(赤・黄) … 各¼個
アスパラガス … 6〜8本
ブロッコリー … ⅕個
うずらの卵(ゆでたもの) … 8個
プチトマト … 8個

中央にアスパラガスをのせ、両脇にパプリカを並べる

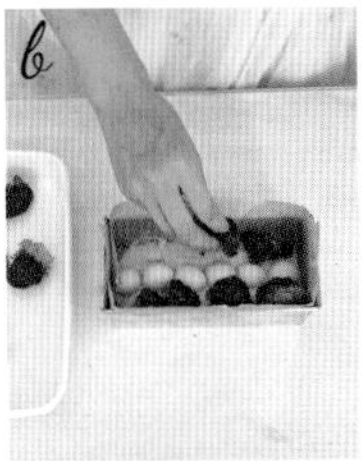

中央にうずらの卵を並べ、サイドにブロッコリーを詰める

【下準備】

- アスパラガスは下の固い部分を取り除く。パプリカは縦に4つに切る。ブロッコリーは小房に分ける。それぞれさっと下ゆでして、塩少々(分量外)を振っておく。加熱するので少し固いくらいで湯から出す
- Aを合わせて、2回ふるう(p8、23)
- 型の準備をする(p8、9)
- オーブンを170℃に予熱する(p5)

【作り方】

1. ボウルに卵、牛乳、植物油、パルメザンチーズ、砂糖、塩を順に入れ、その都度泡立て器で混ぜ合わせる。
2. Aを2回に分けてふるい入れ、混ぜ合わせる。
3. 型に生地の⅓を入れて、パプリカ、アスパラガス2〜4本を並べる(a)。
4. その上に残りの生地の半量を流し入れ、ブロッコリー、うずらの卵を並べ(b)、残りの生地を流し入れる。
5. 170℃のオーブンで12分ほど焼き、上にアスパラガスとプチトマトを並べて表面にはけで植物油少々(分量外)をぬり、さらに30分ほど焼く。
   * 植物油をぬるのは、乾燥を防ぐためです。
6. 竹串を刺して生地がついてこない、または真ん中を押してみて弾力があれば焼き上がり。
7. 20cmの高さから型ごと落とす。型からはずし、敷紙をつけたままケーキクーラーの上で冷ます。
8. 粗熱がとれたら敷紙をはずし、温かいうちにラップで包む。

きのことカマンベールのケーク・サレ

香り高いきのこと、おいしさたっぷりのベーコンを
カマンベールチーズと合わせて濃厚ケーキにしました

【材料】 縦18×横8.7×高さ6cmの型1台分

卵 … 1個
牛乳 … 70mℓ
植物油 … 60mℓ
砂糖 … 小さじ1
塩 … 小さじ¼
A | 薄力粉 … 100g
　| ベーキングパウダー … 小さじ½
ベーコン … 2枚
玉ねぎ … ¼個
きのこ … 120g
塩・こしょう … 少々
カマンベールチーズ … 100g(小さく刻む)

【下準備】

- 玉ねぎは薄くスライスし、きのこは食べやすい大きさに切り、フライパンでベーコンと一緒にソテーし、塩・こしょうで味を調えてきのこソテーを作り、冷ましておく
- *A*を合わせて、2回ふるう(p8、23)
- 型の準備をする(p8、9)
- オーブンを170℃に予熱する(p5)

【作り方】

1. ボウルに卵、牛乳、植物油、砂糖、塩を順に入れ、その都度泡立て器で混ぜ合わせる。
2. *A*を2回に分けてふるい入れ、混ぜ合わせる。
3. *2*にきのこソテーとカマンベールチーズを加えて混ぜ、型に流し入れる。
4. 170℃のオーブンで40～45分ほど焼く。
5. 竹串を刺して生地がついてこない、または真ん中を押してみて弾力があれば焼き上がり。
6. 20cmの高さから型ごと落とす。型からはずし、敷紙をつけたままケーキクーラーの上で冷ます。
7. 粗熱がとれたら敷紙をはずし、温かいうちにラップで包む。

夏野菜とカレーの
ケーク・サレ

カレーの生地にチーズと炒めた野菜をたっぷりと。
暑い夏にもぴったりな、スパイシーな味わいです

【材料】 縦18×横8.7×高さ6cmの型1台分

卵…1個
牛乳…70mℓ
植物油…60mℓ
砂糖…小さじ1
塩…小さじ¼

A
- 薄力粉…100g
- ベーキングパウダー…小さじ½
- カレー粉…大さじ1〜2

野菜(プチトマト、ズッキーニ、なす、ピーマン)…200g
オリーブオイル…大さじ1
塩・こしょう…少々
ピザ用チーズ…70g

【下準備】

- 野菜(プチトマトを除く)は1cm角くらいに切り、オリーブオイルでしんなりするまで炒め、塩・こしょうで味を調えて野菜ソテーを作り、冷ましておく
- *A*を合わせて、2回ふるう(p8、23)
- 型の準備をする(p8、9)
- オーブンを170℃に予熱する(p5)

【作り方】

1. ボウルに卵、牛乳、植物油、砂糖、塩を順に入れ、その都度泡立て器で混ぜ合わせる。
2. *A*を2回に分けてふるい入れ、混ぜ合わせる。
3. *2*に野菜ソテーとピザ用チーズを加えて混ぜ、型に流し入れる。
4. 170℃のオーブンで40〜45分ほど焼く。
5. 竹串を刺して生地がついてこない、または真ん中を押してみて弾力があれば焼き上がり。
6. 20cmの高さから型ごと落とす。型から外し、敷紙をつけたままケーキクーラーの上で冷ます。
7. 粗熱がとれたら敷紙をはずし、温かいうちにラップで包む。

季節で楽しむケーキ&ドリンク

やさしい春、さわやかな夏、シックな秋、
そして、ほっこりとした冬。
季節に合わせたパウンドケーキの楽しみ方を、
おすすめのドリンクと併せて、紹介します。

【春】いちごクリームサンドイッチ
&ミルクティー

いちごミルクケーキ(p52)は薄くスライスして、ホイップクリーム(無糖)といちごジャムをはさみます。食べやすい大きさにカットすれば完成。

【夏】
抹茶のプチパフェ&冷抹茶

抹茶のケーキ(p44)は小さく切って、グラスにアイスクリーム、ホイップクリームを重ねて甘納豆をトッピング。冷たくした抹茶を添えて、涼やかに。

【秋】
アーモンドケーキ&アーモンドラテ

洋梨のアーモンドケーキ(p41)にはアーモンドの飲みものを。カフェラテにアーモンドエッセンスを加え、アーモンドスライスを散らします。ホイップクリームを添えて。

【冬】
チョコレートケーキ&ホットワイン

クラシックチョコレートケーキ(p34)は雪のように粉糖でおめかし。温めた赤ワインにスパイスとフルーツを入れたホットワインを添えて。

Part 3 パウンドケーキ　デコレーション

日持ちがして、味のバリエーションが豊富なパウンドケーキは、
プレゼントやイベント時のデザートにもぴったりです。
せっかくなら、とっておきのデコレーションをして、
うんとかわいく仕上げてみてはいかが？
プレートの盛り方やラッピングの提案、型違いの作り方など、
さまざまなシーンで使えるアイデアも満載です。

【材料】 縦18×横8.7×高さ6cmの型1台分

食塩不使用バター … 100g
砂糖A … 50g
卵黄 … 3個分
バニラオイル … 少々
卵白 … 2個分
砂糖B … 50g

A
- 薄力粉 … 80g
- アーモンドプードル … 20g
- シナモン … 少々

ラム酒漬けフルーツ(自家製でも市販品でも可) … 150g

＜トッピング＞

粉糖 … 50g
レモン汁 … 小さじ2〜3

B
- ドライクランベリー … 適量
- ピスタチオ(刻んだもの) … 適量
- アラザン … 適量

【下準備】

- バターは室温においてやわらかくしておく(p8)
- 卵は事前に冷蔵庫で冷やしておき、作業の直前に卵黄と卵白に分けて、卵白は使う直前までボウルごと冷やしておく
- Aを合わせて、2回ふるう(p8、23)
- ラム酒漬けフルーツは水気を切っておく
- 型の準備をする(p8、9)
- オーブンを170℃に予熱する(p5)

【作り方】

1 材料を混ぜてケーキを作る(p53)。
*3でラム酒の代わりに、バニラオイルを加える。
*8でドライマンゴーの代わりに、ラム酒漬けフルーツを加える。
*できあがったフルーツケーキは、清潔な状態できちんとラップに包み冷暗所に置けば、冬なら、1カ月はおいしく食べられる。

2 ボウルに粉糖とレモン汁を入れて、スプーンで混ぜ、コルネに詰めてケーキの上に斜めに絞る。

3 Bを散らす。

＜ラム酒漬けフルーツ＞

左が漬けたてのもの、
右が1年ほど漬けたもの

【材料】 1リットル瓶分

ドライフルーツとナッツ類 … 合わせて約700g
ラム酒 … 400〜500mℓ

【作り方】

1 ドライフルーツはオイルコートをしてあるものは湯通ししてよく乾かし、大きなものはカットする。ナッツ類はオーブンで空焼きし、大きなものは刻んでおく。

2 清潔な瓶(煮沸するかアルコールスプレーで除菌する)に、フルーツとナッツを詰めて、ラム酒を注ぎ冷暗所に置く。

3 2〜3日するとラム酒を吸って少なくなるので足す。
* 漬けてから1週間ほどで使え、冷暗所に置けばずっと保存可。長く漬けておくと風味が増して濃い味になります。雑菌が入ると食べられなくなるので、中身を取り出すときは注意しましょう。

コルネの作り方

1

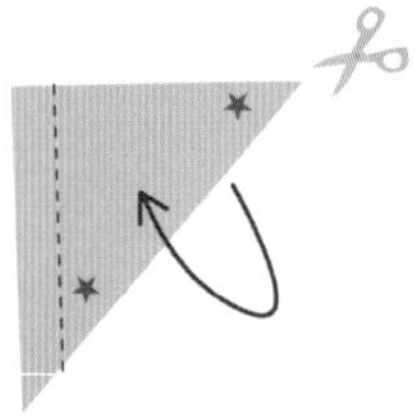

ざっくり正方形になるようカットしたオーブンペーパーを、1辺に合わせて折り、折り目でカットする。

2

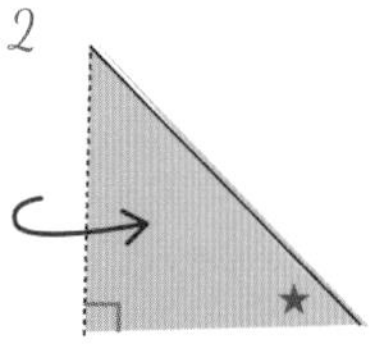

一番長い辺の両端★を合わせて、半分に折って折り目をつける。

3

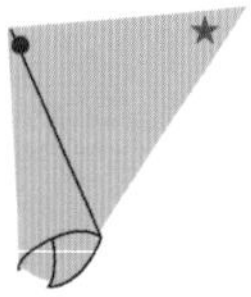

●が先端になるよう、折り線を中心にして丸める。あとで整えるので、ざっくりでOK。

4

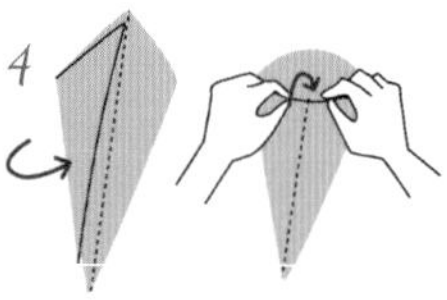

巻き始めと終わりの紙(端)が、中心線の位置に来るようにする。紙の端をそれぞれ親指で押さえ、上へ引っ張って先をとがらせる。

5 紙が重なった部分を折り返すか、ホチキスで留める。

※コルネの作り方は、動画でも紹介しています。
http://www.youtube.com/watch?v=PjDUxvpyEoo

Christmas! Christmas!

フルーツケーキ

コクのある生地にたっぷりのラムフルーツを加えます。
しっとりとフルーツが生地になじむので、3日ほど寝かせるのがおすすめ

ワンプレートでおもてなし

ケーキをお皿に盛るときは、ピースに切って
クリームを添えて……と、いつも同じになりがち。
同じアイテムでも、ちょっと変えるだけで、
うんとかわいくて、おいしく食べられるようになります。

ベリーツリー

パウンドケーキをサイコロ状に切り、ホイップクリームと一緒にツリー状に盛りつける。ベリー類、ミントの葉、アラザンを飾る。

＜トッピング＞

【材料】 2皿分

生クリーム … 80mℓ
砂糖 … 大さじ1
ベリー(いちご、ブルーベリー、ラズベリー) … 適量
ミントの葉 … 適量
アラザン … 適量

【作り方】

ボウルに生クリームと砂糖を入れ、ゆるく泡立てて、ホイップクリームを作る。ベリー類は洗って水気をしっかり切り、いちごは半分にカットする。

キャラメルソースがけ

パウンドケーキを皿に盛り、生クリームまたは牛乳でのばしたキャラメルクリームをかける。アイスクリームを添えて、ナッツを散らす。

一気に加えると急激に温度が下がって危険なので、少しずつ加える

＜キャラメルクリーム＞

【材料】 作りやすい分量

砂糖 … 100g
水 … 小さじ2
生クリーム … 50mℓ

【作り方】

鍋に砂糖と水を入れ、なじませてから中火にかける。ときどき鍋を傾けながら溶かし、煙が出て香ばしい香りがしたら(全体が溶けて薄く色づくまではかき混ぜない)、常温に戻した生クリームをへらで伝わらせながら加えて混ぜる(*a*)。
＊密閉容器に入れて、冷蔵庫で1か月ほど保存が可能。

ラッピングでおくりもの

クリスマスのプレゼント、今年はケーキにしてみては？
大切に焼いたケーキだから、ラッピングにもこだわりたい。
複雑な工程や、手に入れにくい材料は一切使わず、
誰でも、かわいくできるアイデアを紹介します。

ホールをプレゼント

せっかくだから、ケーキのかわいい表情が見えるようにしましょう。ケーキはしっかりとラップをしてから、透明のセロファン紙でふんわり包んで。チュールの布を何枚か重ねて、まわりに巻きつけます。淡い色合いのリボンをぐるりと一周巻き、クリスマスならではの飾りを付ければ完成です。

ピースをプレゼント

しっかりとラップをしたケーキを、それぞれラッピングペーパーで包みます。少し太めのモールをクロスに結び、トップでねじって留めたら完成。モールの先を棒に巻きつけてくるくるっとさせたり、リボンやバラに見立てたり、ひとつひとつアレンジを楽しんで。かわいいメッセージカードも忘れずに。

Sweet Valentine

ナッツとチョコレートのケーキ
フルーツとホワイトチョコレートのケーキ

シックで大人っぽいブラウンと、キュートで甘いホワイト。
ボリュームのあるデコレーションと、色のコントラストが美しい

【材料】 各縦18×横8.7×高さ6cmの型1台分

＜ナッツとチョコレートのケーキ＞

プレーンケーキ（p14〜21）…1本
コーティングチョコレート…50g
ドライアプリコット…適量
ドライいちじく…適量
ナッツ類…適量

＜フルーツとホワイトチョコレートのケーキ＞

クラシックチョコレートケーキ（p34）…1本
コーティングホワイトチョコレート…50g
フリーズドライストロベリー…適量
バナナチップ…適量
ピスタチオ（刻んだもの）…適量

ゴムべらを使いながら、
チョコレートを全体にか
けていく

【作り方】

＜ナッツとチョコレートのケーキ＞

1 パウンドケーキ上部の膨らんだ部分を切り落とし（p33）、切った面を下にして置く。溶かしたコーティングチョコレートをかける（*a*）。

2 チョコレートが乾く前に、上にドライアプリコット、ドライいちじく、ナッツ類を飾る。

＜フルーツとホワイトチョコレートのケーキ＞

1 パウンドケーキ上部の膨らんだ部分を切り落とし（p33）、切った面を下にして置く。溶かしたコーティングホワイトチョコレートをかける。

2 チョコレートが乾く前に、上にフリーズドライストロベリー、バナナチップ、ピスタチオを飾る。

ステンシルでデコレーション

好きな文字や模様がつけられるステンシルで、
シンプルなケーキを、贈りものにぴったりの華やかアレンジ。

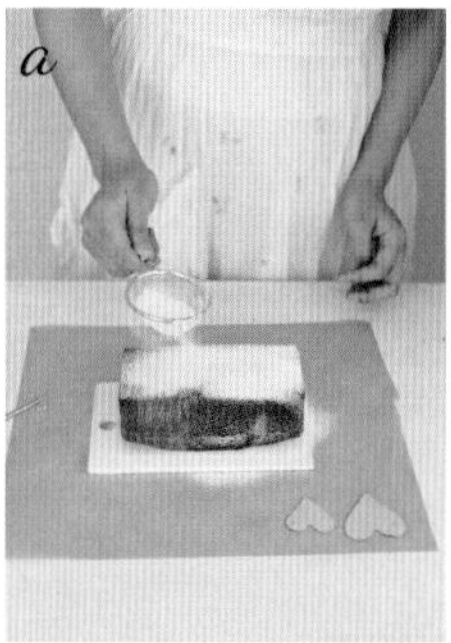

a 生地の色が見えなくなるくらい、やや厚めに粉糖をかける

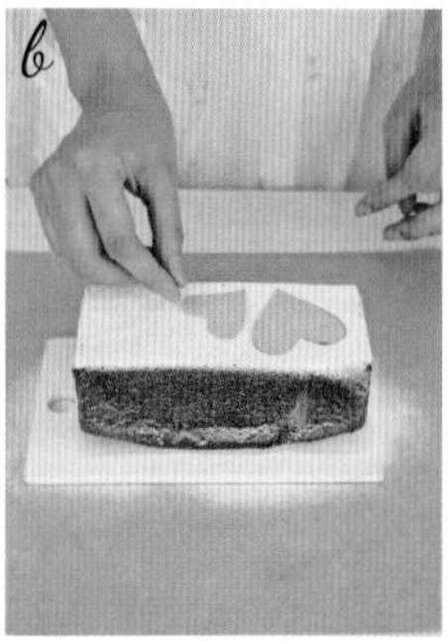

b 紙は一度置いたら、ずらせないので慎重に

c はっきりと模様をつけたいので、ココアの量は多めに

d 横にずらさないように注意しながら、紙を上へそっと動かす

1 パウンドケーキ上部の膨らんだ部分を切り落とし(p33)、切った面を下にして置く。上面に茶こしでまんべんなく粉糖を振る(a)。

2 厚めの紙を好きな形に切り取り、上に置く(b)。ココアを振り(c)、ピンセットなどでそっと紙をはずす(d)。

* 紙は必ず、十分厚みのあるものを使ってください。薄いと紙をはずすときに、粉の重みで傾いて粉が落ちてしまいます。

* 切り抜きは、あまり細かくないもののほうがきれいに出ておすすめです。

ラッピングでおくりもの

バレンタインにはチョコレートだけど、
ケーキをプレゼントしたら、もっと喜ばれるはず。
かわいいケーキをもっとキュートに見せてくれる、
簡単、なのに特別なラッピングもお忘れなく。

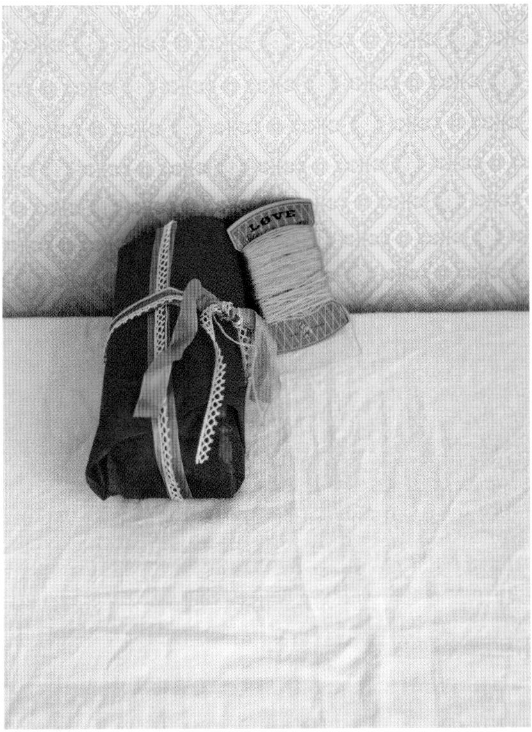

ホールをプレゼント

バレンタインにぴったりな、ピンクカラーのラッピング。ケーキはしっかりとラップをしてから、ラッピングペーパーでざっくりと包みます。お気に入りのリボンをクロスに巻いて、固結びをするだけ。ポイントは、リボンを数種類使ったこと。表情が出て、簡単なのにオシャレに見えます。

ピースをプレゼント

ケーキはそれぞれ透明なセロファン紙で包みます。アクセントになるようなシールを貼りつければ、もっとキュートに。とっておいたかわいい空き箱に、クロスを敷いてケーキを並べ、リボンをつければ、とっておきのケーキボックスが完成します。ケーキのデコレーションが引き立つような、淡い色合いがポイント。

HaPPyBirthday
to you!!

Romantic Décor

メッセージケーキ
ピンクのグラサージュ
バタークリームのホワイトケーキ
クラシカルアイシング

まるでケーキに魔法がかかったような、
華やかでキュートなロマンチックデコレーション。
今回はすべてプレーンなケーキを使っていますが、
色や味の組み合わせで、自分なりに楽しんでください。

メッセージケーキ

特別なメッセージは、ケーキに書いて伝えて。
レモンがきいたアイシングで、さわやかな味わいになります

【材料】 縦18×横8.7×高さ6cmの型1台分

プレーンケーキ(p14〜21)…1本
粉糖…50g
レモン汁…小さじ2〜3

【作り方】

1 パウンドケーキ上部の膨らんだ部分を切り落とし(p33)、切った面を下にして置く。

2 粉糖とレモン汁をボウルに入れ、スプーンなどでよく混ぜて、ほどよい固さにする(固い場合はレモン汁を、やわらかい場合は粉糖を足す)。

3 2をコルネ(p64)に詰めて、ケーキに好きなメッセージや絵を描く。

*いきなり書くとバランスがうまく取れないことがあるので、まずは紙などでスケッチして始めるといいでしょう。

ピンクのグラサージュ

淡いピンクと水玉模様のトッピングで、
うんとかわいくて、ロマンチックなケーキに仕上げました

【材料】 縦18×横8.7×高さ6cmの型1台分

プレーンケーキ(p14〜21)…1本
粉糖…60g
水…大さじ1
フリーズドライストロベリーパウダー*…少々
(入れる量でピンクの濃さが決まるのでお好みで)
フリーズドライフランボワーズ(p40)…適量
マシュマロ…適量
ピスタチオ(刻んだもの)…適量

*フリーズドライストロベリーパウダー

冷凍乾燥させたいちごを粒状にしたもので、そのままでトッピングにしたり、生地やクリームに混ぜ込んで使うことができる。製菓材料店などで購入可。

【作り方】

1 パウンドケーキ上部の膨らんだ部分を切り落とし(p33)、切った面を下にして置く。

2 粉糖、水、フリーズドライストロベリーパウダーを鍋に入れ、よく混ぜてから中火にかける。少しゆるくなってさらっとしたら、ケーキにかける(p68)。

3 フリーズドライフランボワーズ、マシュマロ、ピスタチオを飾る。

バタークリームのホワイトケーキ

ふんわりとしたクリームは、さらっとした後味。
真っ白いデコレーションは、雪のような美しさです

【材料】　縦18×横8.7×高さ6cmの型1台分

プレーンケーキ(p14〜21)…1本
卵白…大さじ1
粉糖…小さじ1
食塩不使用バター…50g
ブランデー…小さじ1
ドラジェ…適量
マシュマロ…適量
アラザン…適量

【作り方】

1. パウンドケーキ上部の膨らんだ部分を切り落とし(p33)、切った面を下にして置く。
2. 卵白はボウルに入れて角が立つまで泡立てて、粉糖を加えてさらに混ぜ、しっかりとしたメレンゲを作る。
3. 別のボウルに、室温においたバターを入れて泡立て、*2*とブランデーを加えてさらによく混ぜ、ケーキの上に星口で絞り出す(*a*)。
4. ドラジェ、マシュマロ、アラザンを飾る。

敷き詰められていれば、すべてがきっちり同じ大きさでなくても大丈夫

クラシカルアイシング

すみれの花とアラザンで、大人っぽい雰囲気に。
しっとりとした生地に、アイシングの食感が合います

【材料】　縦18×横8.7×高さ6cmの型1台分

プレーンケーキ(p14〜21)…1本
粉糖…50g
レモン汁(水でも可)…小さじ2〜3
すみれの花の砂糖漬け…適量
ピスタチオ(刻んだもの)…適量
アラザン…適量

【作り方】

1. パウンドケーキ上部の膨らんだ部分を切り落とし(p33)、切った面を下にして置く。
2. 粉糖とレモン汁をボウルに入れ、スプーンなどでよく混ぜて、ほどよい固さにして(固い場合はレモン汁を、やわらかい場合は粉糖を足す)、ケーキにかける(p68)。
3. すみれの花の砂糖漬け、ピスタチオ、アラザンを飾る。

パウンドケーキでティーパーティー

みんなが集まる楽しい席には、ぜひ手作りのパウンドケーキを。
小さくカットしたり、デコレーションをすれば、
みんなが盛り上がる華やかな雰囲気になります。

Idea
一口大に切ったケーキに、
ホイップクリームとフルーツをのせて。

Idea

上部の膨らんだ部分を切り落としたケーキを縦に切り、広い面が上になるように倒せば、スリムな2本のケーキに。
チョコレートやアラザン、バタークリームなどでおめかししましょう。

パウンドケーキをかわいくアレンジ

贈りものにぴったりなパウンドケーキを、
さらにプレゼント向きにするアイデアをご紹介。
詰め合わせにしたり、型を変えたり、かわいさアップの魔法をかけて。

いろいろな種類でアソートに

一度にたくさんの味が楽しめる、とっておきのギフトです。厚さ1.5cmくらいにカットした数種類のケーキを、透明のセロファンで包みます。色違いのリボンを結んで、かわいくおめかし。

型を変えて焼いてみましょう

人に贈るときは、木製のパニムールで焼いて、型ごとプレゼントはいかが？ プレーンのパウンド1台分で作る場合のサイズ、個数、焼き時間を紹介しますが、種類によって仕上がりが多少変わります。大きさや材質が違っても、焼き時間は170℃です。

● 大1個　40〜50分
(上部)縦175×横110×高さ60(mm)、(底部)縦125×横70(mm)

● 長め2個　35〜45分
(上部)縦175×横80×高さ50(mm)、(底部)縦130×横45(mm)

● 中2個　35〜40分
(上部)縦140×横95×高さ50(mm)、(底部)縦105×横70(mm)

● 小4個　20〜30分
(上部)縦115×横60×高さ25(mm)、(底部)縦80×横35(mm)

結婚式のプチギフトに手作りケーキ

結婚式の列席者に配るギフトは、手製のケーキがおすすめ。白い紙製の型で焼いて、ひとつずつリボンで飾り付け。バスケットに入れて、式の最後に配るプチギフトにしました。焼き温度は170℃で、パウンド1台分を換算しています。

● 小5個　20〜30分
(上部)縦95×横45×高さ35(mm)、(底部)縦80×横30(mm)

花モチーフ型で特別な装いに

華やかな型があれば、焼きっぱなしでもうんとキュートに。型に薄くバターをぬって粉をはたき(あれば強力粉が薄くつくのでおすすめ)、冷蔵庫で冷やしておきます。パウンド型と大体同じ容量なら、同じ温度と時間で焼けばOKです。

著者　福田淳子　*Junko Fukuda*

お菓子・料理研究家。カフェでメニュー開発や店舗の立ち上げを経験後、雑誌や書籍を中心に活躍中。身近な材料と、シンプルな手順で美味しく仕上がるレシピに定評がある。これまでに手がけたお菓子の本は30冊以上。著書に『シュークリーム』『ビタントニオでかんたん焼き菓子』(小社刊)ほか多数。

材料協力
cuoca　http://www.cuoca.com/

スタイリング協力
muslin　https://musline.storeinfo.jp　☎0422-20-6292
Passé Composé　☎03-6434-0739

STAFF
撮影／日置武晴
スタイリング／鈴木亜希子
装丁デザイン／鈴木明子(フレーズ)
本文デザイン／フレーズ
イラスト(p64)／碇 優子
調理アシスタント／梶山葉月、西澤淳子、藤田芽衣、茂木恵実子

本書の内容に関するお問い合わせは、お手紙かメール(jitsuyou@kawade.co.jp)にて承ります。
恐縮ですが、お電話でのお問い合わせはご遠慮くださいますようお願いいたします。

＊本書は2012年10月に小社より刊行いたしました、同タイトルの書籍の新装版です。

パウンドケーキ バイブル

2012年10月30日　初版発行
2016年 1月30日　新装版初版発行
2020年 6月20日　新装版初版印刷
2020年 6月30日　新装版初版発行

著者　福田淳子
発行者　小野寺優
発行所　株式会社河出書房新社

〒151-0051　東京都渋谷区千駄ヶ谷2-32-2
電話 03-3404-1201(営業)　03-3404-8611(編集)
http://www.kawade.co.jp/
印刷・製本　図書印刷株式会社

Printed in Japan
ISBN978-4-309-28805-5